国家出版基金资助项目

陕西出版资金资助项目

“十三五”国家重点图书
出版规划项目

陕西寺觀壁畫全集

高明 胡春涛 编著

陕西新华出版传媒集团
陕西人民美術出版社

图书在版编目（C I P）数据

陕西寺观壁画全集 / 高明, 胡春涛编著. — 西安 : 陕西人民美术出版社, 2018.7
ISBN 978-7-5368-3502-3

Ⅰ. ①陕… Ⅱ. ①高… ②胡… Ⅲ. ①寺庙壁画 – 陕西 – 图集 Ⅳ. ①K879.412

中国版本图书馆CIP数据核字(2018)第181427号

责任编辑：严国卿　邢　羽
装帧设计：哲　峰
责任校对：熊　菁

陕西寺观壁画全集
SHAANXI SIGUAN BIHUA QUANJI

编　　著　高　明　胡春涛
出 版 人　李晓明
出版发行　陕西新华出版传媒集团
　　　　　陕西人民美術出版社
经　　销　新华书店
地　　址　西安市北大街147号
邮　　编　710003
印　　刷　陕西龙山海天艺术印务有限公司
开　　本　787mm × 1092mm　1/8
印　　张　31.75
字　　数　320千字
版　　次　2018年7月第1版　2018年8月第1次印刷
印　　数　1–2000
书　　号　ISBN 978-7-5368-3502-3
定　　价　460.00元
发行电话　029–87262491　　传真：029–87265112

目 录

序

心存懿迹 壁绘群像——陕西寺观壁画概述 …… 1

陕北篇 …… 1

子长县钟山石窟壁画 …… 2

佳县白云观壁画 …… 6

佳县兴隆寺壁画 …… 27

佳县观井寺壁画 …… 38

佳县大佛寺壁画 …… 44

佳县香炉寺壁画 …… 56

佳县普奈寺壁画 …… 62

佳县云岩寺壁画 …… 67

榆林市横山区大寺洼石窟壁画 …… 70

榆林市横山区鸿门寺壁画 …… 77

榆林市横山区龙王庙壁画 …… 81

神木市二郎山庙壁画 …… 89

榆林市金刚寺壁画 …… 102

榆林市悬空寺壁画 …… 104

榆林市香严寺壁画 …… 112

榆林市释迦如来庙壁画 …… 120

米脂县万佛洞壁画 …… 127

府谷县麻镇大庙壁画 ······131

绥德县观音寺壁画 ······151

关中篇 ······155

西安市临潼区庆山寺壁画 ······156

铜川市耀州区药王山壁画 ······159

西安市东岳庙壁画 ······170

西安市莲叶寺壁画 ······182

西安市三清庙壁画 ······187

宝鸡市寿峰寺壁画 ······195

宝鸡市九天玄女娘娘庙壁画 ······201

白水县仓颉庙壁画 ······207

韩城市普照寺壁画 ······217

韩城市大禹庙壁画 ······223

陕南篇 ······231

洋县智果寺壁画 ······232

洛南县华严寺壁画 ······240

参考书目 ······248

序

心存懿迹 壁绘群像

——陕西寺观壁画概述

壁画是人类历史上产生最早的独立绘画形式，学术界通常将史前人类绘制或凿刻于天然石壁及洞穴中的岩画作为壁画的起源。壁画按所依附建筑物的性质进行分类，一般分为殿堂壁画、墓葬壁画和寺观壁画三大类。寺观壁画的内涵不仅指正统佛道两教寺庙宫观内的壁画，还包括民间神庙等宗教场所的壁画。这类壁画便是本书探讨的核心。

陕西具有五千年的历史积淀，宗教交流频繁，寺观壁画遗存非常丰富。早在秦汉时代，宫室殿阁就普遍绘有壁画。咸阳第一号宫殿遗址出土的壁画残块，内容有车马、人物、植物以及几何纹样等，规整而又多样化，风格雄健，具有相当高的造诣，显示了秦文化的艺术特色。汉代文献《汉书·郊祀志》《汉官典职》《汉书·苏武传》《论衡·须颂篇》等对壁画均有记载，可见当时壁画影响深远。在神仙方术大兴的时代背景下，宗教性质的内容占有较大比重，特别是在东汉，佛教传入后，壁画风尚发生了巨大变化，寺观壁画逐渐成为壁画的主流。

隋唐五代，佛道两教隆盛，陕西寺观壁画的建造达到顶峰。在统治者的支持下，寺观经济得到迅速发展。寺观中经常举行的“俗讲”“道场”，吸引着许多人前来“进香”“做客”，这就使寺观有必要也有能力聘请高手名家创作壁画。据《历代名画记》《寺塔记》《益州名画录》《唐朝名画录》等文献记载，有名可传的壁画家有一百余名。但这时期的寺观壁画遗留下来的并不多，临潼庆山寺地宫壁画就是一个代表，其中天界图像表现的主题是释迦牟尼涅槃后诸天举哀，从空中撒下无数天香天花和天幢宝珠等供养，并在空中演奏天乐，发出种种悲叹的声音。

宋元之际，陕西寺观壁画呈衰颓的趋势，已远不及隋唐五代。由于市民阶层的兴起及小农经济的发展，民间绘画十分发达。此外，文人画始兴，并得以迅速地发展。元代时，士大夫的论画标准，以民间绘画为“画之下者也”。画家群体逐渐淡出壁画领域，寺观壁画的创作任务大多由民间画工来担当。画工较多地依赖前代粉本口诀，对人物造型、衣纹处理、绶带飘举等都有一套师传的格式，较少有个性的创作，这也影响了壁画艺术的发展。子长县钟山石窟壁画就是当时壁画艺术水准的缩影。

元初，全真教得势，在今西安市鄠邑区祖庵镇兴建重阳万寿宫，作为纪念祖师王重阳修真悟道及遗蜕归葬之所，亦为全真三大祖庭之一。明清两代多次修葺，后屡遭兵燹，原有壁画损毁殆尽。仍能反映宋元时期壁画风貌的应属铜川市耀州区药王山南庵壁画——道教经典《朝元图》，其布局上以六位主像为中心展开的人物行列，寓复杂于单纯，寓变化于统一，寓动于静，在形象创造和构图设计上都达到了当时一流的水平。

陕西地区保存明清时期的寺观壁画相对较多，但从绘制内容和造型上看已是江河日下，寺观壁画之事则全由“画塑行”中的民间画工承担了。民间画工一般是依据行会中保留或师传的前代壁画粉本进行临摹描绘，多为传统宗教题材。如：韩城市普照寺壁画、西安市三清庙壁画、洋县智果寺壁画、洛南县华严寺壁画、佳县普奈寺壁画、榆林市横山区鸿门寺壁画、绥德县观音寺壁画等。陕北地区自古天灾人祸较多，所以表现超度题材的水陆壁画也成为一个主流。如：佳县观井寺壁画、榆林市香严寺壁画、榆林市释迦如来庙壁画、佳县兴隆寺壁画等。此时期的民间画工还会在寺观里绘制一些传说故事、历史故事、文学题材和民间信仰等壁画，无意中拓宽了寺观壁画的题材。如：白水县仓颉庙壁画、宝鸡市九天玄女娘娘庙壁画、西安市莲叶寺壁画、韩城市大禹庙壁画等。这个时期内容最丰富的寺观壁画当属佳县白云观壁画。兴建于明万历年间的白云观由众多建筑构成，多数建筑中均有明清时期彩绘壁画，有反映老子化胡的《老子八十一化图》，真武悟道的《真武修行图》以及《朝真武大帝图》《三官审判和出巡图》《朝玉皇大帝图》《太阳太阴图》等。

鸦片战争后，中国社会发生了一系列深刻的变化，陕西传统的以宗教题材为主的寺观壁画也受到严重的冲击，再加上自然的毁坏，新壁画的创作一度出现了中断。近些年，被遗忘在乡间深山的寺观壁画不断被发现，诸多类似“吴带当风”和“曹衣出水”的绘画遗迹传承着曾经的辉煌，展现着不同时代的特色，是当时社会政治、经济、宗教、文化、艺术的集中体现，成为中国壁画史和宗教艺术史必不可缺的组成部分。本书通过大量的田野调查，获取第一手图像资料，分地区呈现，旨在展现陕西寺观壁画的全貌。相信伴随着本书的出版，与之相关的研究将逐渐重新走进人们的视野。

陕北篇

子长县钟山石窟壁画

钟山石窟，又名石宫寺、万佛岩、普济寺、大普济禅寺，位于陕西省子长县城西15千米的钟山南麓。据碑石记载，石窟最早建于宋英宗治平四年（1067），之后各代都有重修，原有18个石窟，因种种原因，只有五个石窟保留下来。三号石窟被称为万佛洞，因内有大小佛像上万余尊而得名。周围还有一些较小的石窟，里面也雕凿着一些石刻造像。石窟旁边遗留的寺院房屋和窑洞里还有一些彩塑和壁画，后面山上还有一座砖结构的五层宝塔。1988年1月13日被国务院列为第三批全国重点文物保护单位，定名为钟山石窟。

万佛洞（图1-1-1），建在岩石上，宽20米，深14米，高7米。窟内正中有一个东西长11.5米、南北长5米、高2.5米的基坛。基坛上有八根方形石柱，上承窟顶。窟顶又凿有三个藻井（图1-1-2）。坛上有三组人物雕像，每组均有一佛二菩萨二弟子。释迦牟尼居中盘膝高坐在莲花台上，右臂上屈，左手抚膝，身着敷搭双肩袈裟，下着大裙，螺髻大耳，相貌庄严。两旁有文殊、普贤二菩萨和迦叶、阿难二弟子。左右两组中间分别坐着佛的化身和应身。八根石柱及四壁上雕满了各种各样的大小佛像，表现了说法、涅槃等佛教内容。表现说法的雕像有的一手托腮，有的侧头，有的静思；表现涅槃的雕像群的佛周围环绕着众多悲哀的弟子。整个石窟中的人物雕凿结构清楚，比例准确，手法细腻，写实性非常强烈，对人物的体形、面容、姿态等又有不同的生动塑造；对人物的内心、性格等也做了细致微妙的表现。

石窟内除了雕塑以外，还有少量壁画。壁画以两种形式存在：一种是直接绘制在石壁之上；另一种是在石壁上涂有草拌泥层，然后再绘制在泥层之上。绘制在石壁上的壁画主要集中在窟顶的三个藻井内，藻井（图1-1-3、图1-1-4）分为三层，由于年代久远，内容漫漶不清。最下层方形切角造型，绘有长方形装饰边，装饰边中间有烦琐的花纹，还有角线装饰，有坤门、卷草纹和花纹。中间层分为八面，上小下大，每一面都有黑边白线，里面各绘有一佛，结跏趺坐于莲台之上，施禅定印，均有头光和身光，其后有云围绕，象征普照八方。最上层均破损不清。

从窟门进入石窟有一段门廊，门廊东壁靠近石窟位置的最上方（图1-1-5），在石壁上用草拌泥进行涂抹做地仗层，之后用白色做底子，在白底色上进行绘画。从现在破损之处可以发现，壁画（图1-1-6）有两层，外层已经剥落，显出底层壁画，画幅不大，上面绘有三个人物，呈三角式构图。上层中间位置有一尊白衣佛像，施禅定印，结跏趺坐于草蒲团上，草蒲团下部似为一个树桩，树桩立于圜丘之上。在圜丘两侧，分别有二人，其中一人呈行走姿态，着白衣，手势破损辨认不清，仰头朝向佛像；另一人身体被外层泥皮覆盖，可隐约看出头和手，头仰向佛像，双手捧一盆状物，内有供品。整幅图褪色严重，仅能看清大致黑白关系。

图1-1-1 万佛洞

图1-1-2 万佛洞内景

图1-1-3　藻井（一）

图1-1-4　藻井（二）

图1-1-5 门廊东壁

图1-1-6 门廊东壁（局部）

佳县白云观壁画

白云观，位于佳县城南五千米处的白云山上，前临黄河，与山西隔河相望。明万历三十三年（1605），终南山道士李玉凤云游至白云山，相中此地，始设观传道，营建殿宇。明万历四十六年（1618），明神宗朱翊钧给白云观颁布一道圣旨，并御赐《道藏》4726卷。从此白云观声名大振，大兴土木，营造道观。经过数百年来不断修葺补建，形成了这处西北地区最大的古建筑群和道教圣地。

白云观依山势高低起伏而建（图1-2-1）。由山门而入，经过石牌坊、木牌坊、五龙宫、头天门、二天门、三天门、四天门，进入白云观的主轴线之中。这条主轴线上由南至北分布了乐楼、真武大殿、三官殿、藏经阁、超然阁、玉皇阁、五老祠、圣父母祠等，除此以外还有文昌楼、三清殿、东岳庙、关帝庙、真人洞等建筑，这些建筑中的核心是真武大殿。

白云观内有丰富的壁画资源，保存了明清以后的壁画1300余幅，这些资料对研究当地道教信仰的流布、道教图像的流变具有非常重要的价值。

一、头天门

白云观有四座天门，头天门（图1-2-2）为第一座，坐西朝东，为封护檐、硬山顶、带前廊的砖木结构建筑，中为过道，两侧为护法神殿。每一殿内（左右两厢）南北两壁皆存壁画，除接近地面部分剥落严重外，其余保存相对完好。

左厢南北两壁壁画以主角王灵官为线索，各选取了王灵官生平中三个事件构成了三幅画面，突出了其驱邪除魔（图1-2-3），师从萨祖以及遵从玉帝和真武的主题。在头天门的这样一个位置安排王灵官主题的壁画，说明设计者在设计壁画的时候充分考虑了王灵官在神谱中的角色和职能。

右厢壁画中一人黑面浓须，头戴铁冠，手执铁鞭，身跨黑虎，从画面内容和故事情节考察，这是道教护法神将赵公明元帅（图1-2-4）。右厢南北两壁人物众多，均为上下构图，各分三个场景，下部左右各是一个场景，上部是一个连贯而复杂的场景。右厢壁画所依据的文字蓝本是明代晚期以来流传甚广的神魔小说《封神演义》第四十七回《公明辅佐闻太师》。该小说产生之后便广为流传，为老百姓所熟知，其中的很多故事慢慢积淀下来，成为广大百姓普遍的知识结构，而且以此为基础，不断向原有的宗教观念渗透，并成为宗教道场图像构成的一个来源。

壁画的绘制大致是在1904—1924年这一段时间里。

二、三清殿

三清殿位于玉皇阁西北，为院落式结构。正殿坐北面南，面阔五间（图1-2-5），为单檐硬山式砖木建筑，东西侧为厢房，分别为南斗祠和北斗祠。三清殿和南、北斗祠内均绘有壁画，从现存碑文和壁画内容风格来看，应是民国初期所作。

三清殿正殿神台上供奉着道教三位主神的塑像，东壁、西壁、正壁东侧、正壁西侧绘有《老子八十一化图》壁画。此图是一套以历史人物老子为原型，以《老子化胡经》为蓝本构建的关于老子神化故事的叙事性图像[①]。这种题材的图像在金末元初遭受佛教界人士的攻击，并在统治阶层的打压下消失，直到15世纪的明初复出，清朝、民国时期仍有绘制。现在在全国范围内还能见到

①《老子八十一化图》是直接以宋《犹龙传》《混元圣纪》等文本为依据进行编纂的，但这些文献又是以《老子化胡经》为根基进行整理的，而且由于《老子八十一化图》中“老子化胡”故事的特殊历史意义，它实际上成为《老子化胡经》在元代新的传播形式。

《老子八十一化图》的遗存，但数量并不多[①]。白云观三清殿《老子八十一化图》壁画留有榜题的位置，但并没有书写榜题文字，这为壁画内容的识读留下了空间（见表1、表2、表3）。

表1　正壁内容分布图

正壁西侧（图1-2-6）			正壁东侧	
第80化　传古砖	第81化　起祥光		第41化　到天竺	第39化　留神钵
第70化　彰灵宝	第71化　应帝梦		第20化　弃周爵	第31化　起青莲
第60化　教飞升	第61化　授三洞	三清塑像	第19化　为柱史	第18化　诞圣日
第50化　教卫生	第51化　训阳子		第9化　垂经教	第8化　变真文
第48化　扬圣德	第49化　胤四真		第10化　传五术	第24化　升太微

表2　东壁内容分布图（北→南）（图1-2-7）

第38化 游于阗	第37化 拔太山	第36化 藏日月	第35化 降外道	第34化 说浮屠	第33化 摧剑戟	第32化 捧神龙	第30化 演金光
第29化 集圣众	第28化 化王子	第27化 入罽宾	第26化 游诸天	第25化 会青羊	第23化 训尹喜	第22化 试徐甲	第21化 过函关
第17化 授隐文	第16化 为帝师	第15化 住崆峒	第14化 始器用	第13化 教稼穑	空缺	第12化 置陶冶	第11化 赞元阳
第7化 受玉图	第6化 隐玄灵	第5化 辟天地	第4化 历劫运	第3化 尊宗室	空缺	第1化 起无始	第40化 化诸国

表3　西壁内容分布图（南→北）（图1-2-8）

第72化 传丹诀	第73化 现朝元	第74化 颂流霞	第75化 刻三泉	第76化 云龙岩	第77化 居玉堂	第78化 明崖壁	第79化 殄庞勋
第62化 拯民灾	第63化 授神丹	第64化 封寇谦	第65化 建安化	第66化 毗摩铭	第67化 光醮坛	第68化 黄天原	第69化 新兴寺
第52化 天地数	第53化 诏沈羲	第54化 解道德	第55化 授道像	第56化 游琅琊	第57化 授薄书	第58化 传正一	第59化 说斗经
第42化 入摩竭	第2化 显真身	空缺	第43化 舍卫国	第44化 赐丹方	第45化 弘释教	第46化 授真经	第47化 叹犹龙

①遗存包括：山西浮山老君洞线刻，刻于明嘉靖四十年（1561）；陕西合阳玄武庙青石殿浮雕，刻于明万历年间（1576—1604）；河北蔚县暖泉老君观三清殿壁画等。

东配殿为南斗祠，祠内正中塑有火神帝君像，两边为主管延寿度人的南斗六星神。左右壁是清代壁画，为“出队”与“入队”。左壁八位主要神祇一字排开（图1-2-9），白云环绕，均有头光。为首者手托簿籍册页，应是对人间百姓善恶业绩之记录。其余七位手持笏板，中间一位是红脸，或是火神，其余七位脸白，应是星神。前有两位鬼卒持蓝色的“清道”旗开路，一童子举幡，一半裸武士持三叉戟。下有一位官吏模样人物手持长卷，画面下部是人间，群山中有一高耸的庙宇，前有一人亦手持长卷前驱而行。右下角画一供案，案前跪二人对众神做祈求状。边沿又有一人独立于山头做舞蹈状。右壁构图大致同于左壁，八位主神驻于云端，下有一持长卷的官吏，做奋力展开纸卷状，向众神呈现，动作极其夸张。举“清道”旗的鬼卒、举幡童子和武士亦如左壁。下端绘人间图像，左下角绘一组人物，中间是一位肥胖的官吏，着橙红色清朝官服，面对一红衣女子做挥手状，手指纤细，大腹便便，神态傲慢。后有木栅栏和假山石，前有一仆正牵马于树下。与左壁相对应，一官一民，表现了不同的社会层面。

西配殿为北斗祠，祠内供有主管解厄诞生的北斗七星。左右壁的壁画均有破损，但右壁略清晰。右壁（图1-2-10）画面上部是一字排开的八位神像，其中第一位手持簿籍，其余七位手持笏板。前有举“清道”旗的鬼卒和举幡童子，幡上书写“做善事者添禄增寿”，后有持三叉戟并牵一恶鬼的半裸武士。一位散发瞪目者张开册页向众神展示，其上书写有“普天同庆，光照四海”，似乎代表民众向神献辞。下方绘有一精致的院门，似乎象征“做善事者”的归宿。左壁损毁严重，上方依稀可辨八位神像，中间是举旗鬼卒、持幡童子、握戟武士和持纸卷的侍从。画面底部右侧有一院门，门的前方有三人：前者为举幡童子；中者托盘，盘中有元宝银锭；后者头戴礼帽，手提皮包。三人皆为短发，着民国时期的服饰。

三、三官殿

三官殿（图1-2-11）位于正殿后，藏经阁前，坐北面南。初建于明代，清代乾隆十四年（1749））、嘉庆二十五年（1820）、民国二年（1913）都有重修。殿内正面有泥塑天、地、水三官，东西两壁壁画为清代绘制。东西两边壁画构图相似，分为两部分，内容为出巡与地狱审判。东壁（图1-2-12）右上部画三官出巡，天官居中，左为地官，右为水官，侍臣天丁护卫，乘于云端（图1-2-13），浩浩荡荡，云端撒下钱币、珍宝。其下山林中有官民百姓合掌迎拜，接受赏赐。画面左部是三官审判图，三官坐于大殿中，桌子上铺有记载百姓善恶业绩的文书，鬼卒们正在给下地狱的作恶多端者施以各种酷刑惩罚，如刀铡、锯割、冰窖冻、挖心、下油锅等。西壁（图1-2-14）前端亦画三官腾云出巡，有侍者手持“地官赦罪”字幅。下端坐一官人，戴清朝红顶帽，双手合掌仰视。其后置有屏风，案上置纸笔，以显示官府代替三官行使审判职责。画面右边仍然是三官位于大殿的审判图，地面有戴枷锁的囚犯，业镜显示出其生前宰牛的恶行。除了这些，还有开膛破肚、磨碾等严刑的画面（图1-2-15）。右下角绘有一城门，上书“转输门”，一驴面鬼卒把门，旁有红色车轮。城内有类似佛教六道轮回的图像，并绘有各种人物、牲畜、鸟禽等图案，显示出佛道融合的色彩。

四、真武大殿

真武大殿（图1-2-16）为白云观建筑群落之首，始建于明万历三十三年（1605），坐落于四天门北、三官殿前。真武大殿坐北朝南，由前殿、后殿组合而成。后殿是明代建造，为单檐歇山式建筑，前殿为清代卷棚顶建筑。

《真武修行图》位于真武大殿前殿的东西两侧，为叙事性壁画，东西各三十幅，总计六十幅。正殿《真武修行图》中都有榜题①，表明每一小格图画中的内容，这些连环的图画按一定顺序排列组成了真武大帝的传记故事和灵应故事，列表如下（见表4，表5）：

表4 东壁内容分布图（北→南）（图1-2-17）

上清授受	上圣父母	天人画像	降破蚩尤	收龟蛇二将	征魔外道
收降水火	玉帝赐衣冠	仙人引接	五龙捧圣	观音点化	云雾圣迹
折柳挥梅	仙人进贡	获鹿进菓（果）	悟忏（杵）成针	猿猴伴道	蛇虎引路
阻润(涧阻)群臣	太白赐剑	元君寿（授）道	密祷归山	舍国离父	辨（遍）读经书
朝见国父	沐浴金身	国母降生	梦吞日月	命请道象	建醮祠嗣

①壁画的榜题存在笔误，补正的在表格括号中标明。

表5 西壁内容分布图（南→北）（图1-2-18）

赐善吉祥	洞天云盖	寇染（魅缠）安仁	王虎宽消	船（镇）河兴福	祖（相）街(术)捕(指)迷
神枪退寇	焦氏护嗣	大圣南庆（岩）宫	木附（沐驸）马监工	神流（留）巨木	封受香烟
甘雨回枯	十王请命	冤魂哀哭	具（真）庆宫殿	水涌洪钟	琼台受册
祈祷雨泽	察人善恶	积功成圣	终纫济苦	行满三界	圣父母宫
玉帝授受	上朝泰（太）清	上朝正（真）清①	上朝玉境（上清）②	上朝玉帝	三元保举

《真武修行图》展现了真武出生、修炼、成圣、降魔的生平以及与真武相关的灵异感应事件。真武壁画图像的排列顺序可以以其故事来源的文本为基准加以判断，东壁绘制的真武故事内容大致可以在元代道教经典《玄天上帝启圣录》中找到出处，同时也可参酌明代以来流传的有关真武故事的小说《北游记》等文本材料来考察壁画内容编排的次序。东壁的次序是从南至北，每一行结束后，又回到壁画的南端，然后从下往上依次层层推进；西壁与东壁不同，它按照的是一个循环上升的顺序，接东壁《上清授受》，而始于《玉帝授受》，按“S”形循环上升，至《相术指迷》结束。

真武大殿前殿东西两壁后段绘四值神，横纵各为1.48米、2.18米，左壁为年值使者和日值使者，右壁绘月值使者和时值使者。

真武大殿后殿东壁右绘有《毛郎图》（图1-2-19），横纵皆为1.5米。画面右上角题：“毛郎生在阳州地，十方沙经不可流。掌一诸头大骡蹄，自打一鞭行千里。甲辰年端阳前题。”与《毛郎图》相对的西壁左为《贪婆图》（图1-2-20），横纵亦皆为1.5米。画面左上角有题记：“贪婆美妙世间西，未从供佛先充饥。吃得嘴长二三寸，眼中流血浣直水。竹山题。”真武大殿后殿的这两幅图和真武大殿前殿壁画绘制年代和绘制作者一致。真武大殿后殿东壁左以及西壁右共分布了72位道教诸神（图1-2-21），分上下两层，都持笏恭立，高达3.74米。后殿北壁的中央绘海水和蛟龙，横纵各为2.2米、2.34米。两侧各绘二力士，做愤怒状，拱手侧立，横纵各为2.83米、2.34米。从后殿壁画的风格来看，应与前殿壁画一致，是清末的作品。

五、玉皇阁

玉皇阁（图1-2-22）位于藏经阁北、马王庙东，坐北朝南，面阔五间，为十字重檐三滴水二层砖石木结构建筑。始建于明代万历年间，现为民国十三年（1924）重修后的建筑，第二层脊檩匾题“中华民国十三年岁次甲子清和月榆林会重修……”。玉皇阁下层窑洞内供着太乙真人像。楼上塑玉皇大帝像，在塑像的背后（北壁）绘《二龙戏珠图》，几乎全用水墨完成（图1-2-23），仅在面部着有少许朱砂色。东西壁绘众神朝圣图（图1-2-24、图1-2-25），分上下两排，每排八位，共32身神像。众神绘于彩云之中，形体略大于真人，均头戴冕旒，手持笏板，或老或少，或温慈或威凛，这就是三十二天帝（图1-2-26）。道教三十二天有“四梵三界三十二天”和“四方各八天的三十二天”两种排列，每天都有帝王治其中。白云观的《三十二天帝图》，从风格上看应是清代绘制的，也有人认为是明代绘制的。

六、水神庙

水神庙位于木牌楼北侧，原为任家畔村庙，后并入白云观。坐西南面东北，面阔三间，实为窑洞一孔，内供水神娘娘像。建于清光绪十七年（1891），庙内存有清代壁画数幅，绘于两壁及券顶。左壁绘五位神像及五位护法像（图1-2-27），十像一字排开，面朝正壁雕塑神像（20世纪80年代新塑）。其中前面五位神像均有头光，戴冠，持笏，面相有白有红。五位护法像略小，有的持三叉戟，有的握卷宗毛笔，有的托水瓶和蛇。最前面的一位手中的册簿上书有“水神庙圣母雨簿”。右壁构图（图1-2-28）与左壁相同，但有头光的主神有八位，护法只有两位。券顶中央为圆形图案，有卷草纹和莲瓣纹，圆心为双鱼纹。四周有琴、棋、书、画图案，四角是彩云纹。

①《上朝真清》中描绘的是真武叩见元始天尊，榜题应该题为“上朝真清”。形象的辨识可以依据东壁《建醮祠嗣》图中的“三清”形象来判断。

②图中描绘的是真武叩见灵宝天尊，榜题应该题为“上朝上清”。形象的辨识可以依据东壁《建醮祠嗣》图中的“三清”形象来判断。

七、佛殿

佛殿为一独立院落，位于东岳大殿东北，原为任家畔村村庙。为三孔砖石砌筑拱券式窑洞，坐北向南，始建年代不详，清光绪六年（1880）八月维修。中间一孔窑洞供奉一佛二弟子二菩萨。券顶绘双鱼、八卦图。左右壁分格绘故事图两排三列共六幅。左壁是割肉贸鸽、释迦降生（图1-2-29）、深山修行、坐禅、观生、观死，右壁是观病、观老、出家、涅槃、真武跳崖、真武成圣。这些故事其实属于不同性质，有本生故事、佛传故事，还有道教的真武故事。真武故事的情节和构图都有些借鉴佛传故事。画面略近方形，上下角留有书写榜题和供养人姓名的空位，但一般都没有书写文字。其中在《观病图》上角的榜题框内书有“壹九〇六年又六月六日，葭县敬老院张秀”字样，这个年代应是壁画绘制的时间。

正殿之东是太阴太阳殿，券顶画双鱼、八卦图，左右壁各画太阴太阳执事图八幅。各图大都以太阴太阳为主，或立于云端（图1-2-30），或坐于殿内，或行于山野。太阴、太阳两个形象的服饰冠式相同，区别是一有胡须，一无胡须，有胡须的应是太阳。

正殿之西是崔府速报殿，供奉崔府君和速报神。左右壁各有八幅画面，左壁画崔府君。崔府君，姓崔名珏，字子玉，唐乐平人，对崔府君的崇祀在宋代尤其是南宋风靡一时。此处崔府君为官人打扮，与太阳之形极似。或受拜于民众，或骑马巡视于乡间（图1-2-31），或审伤人之恶虎。右壁画速报神，速报神之名见于清代小说，如李雨堂《万花楼演义》第39回有“吾乃上界速报神，今奉玉帝旨到此”。可见是代替玉皇在人间行事者。此处速报神为黑脸武士相，手持长剑，或乘云伏寇，或力战女妖。伸张正义，替天行道。

除以上白云观各殿壁画外，还有其他殿也有一些民国时期壁画的遗迹。如关帝庙，位于财神庙南，坐北向南，面阔三间，始建于明万历年间，清咸丰十一年（1861）、民国十二年（1923）均修缮过。北壁东侧绘《关公阅籍图》；东壁分格绘制，画面有榜题，从上至下分别为《桃园三结义》《同义造兵器》《□□□进马》《大破黄巾弟兄》《平原县上任》《拷打□□□》《关圣温酒斩华雄》《三战吕布》《曹公来进赤兔马》《煮酒论英雄》《关圣怒斩□□》；北壁西侧绘《关公审案图》；西壁绘《古城聚义礼》《三请诸葛亮》《□□饮酒□》《黄河渡口斩秦棋（琪）》《霸龙（陵）桥挑袍》《古城怒斩蔡阳》《镇国寺斩卞喜》《汜水关斩王植》《东岭关斩孔秀》《关公怒刺文丑》《荥阳关斩垣（韩）福孟达（坦）》。

五龙宫又称五龙捧圣宫，位于白云山木牌楼西，坐西向东，面阔三间。左右厢房为南极祖师庙和北极祖师庙，倒座房的过洞上为观音殿。五龙宫始建于清康熙十六年（1677），道光二十九年（1849）、民国十一年（1922）、民国二十五年（1936）先后进行过几次修缮。原五龙宫正殿南北壁各绘46幅真武故事图，每幅左上为榜题，右下为管龛人姓氏，2001年被焚毁，现已不存。左右厢房存有民国时期壁画数幅。

碧霞宫，又称娘娘庙，位于真武大殿东侧。主神为云霄、碧霄、琼霄、眼光、送子五位娘娘，是祈求保佑子女的场所。始建于明万历年间，改建于清康熙三十四年（1695）。大殿内壁画绘于东西壁，各16幅，绘制于抗战时期。内容以吉祥祈福、孩童玩耍、习课、练武为主题，侧重于儿童教育。采用组画的形式，各幅画面没有故事情节联系。有莲生贵子、五福临门、禹门级浪、春日快乐、演马快乐、幼年学武、一顶高升、教子读书、连中三元、游戏学战、梅占花魁、举子赴考、平地响雷、四子如意、五子夺魁、知足常乐、陶渊明爱菊、周茂叔爱莲、刘海戏蟾、嬉笑三蝠、踏雪寻梅、空中快乐、交通方便、准备防空、童子武装、羲之爱鹅、苏武牧羊、宣扬国威、冰桥大会等。

图1-2-1　白云观

图1-2-2 头天门

图1-2-3 头天门左厢壁画（局部）

图1-2-4　头天门右厢壁画（局部）

图1-2-5　三清殿

图1-2-6 三清殿正壁西侧壁画

图1-2-7 三清殿东壁壁画

图1-2-8 三清殿西壁壁画

图1-2-9　南斗祠左壁壁画（局部）

图1-2-10　北斗祠右壁壁画（局部）

图1-2-11　三官殿

图1-2-12　三官殿东壁壁画

图1-2-13　三官殿东壁壁画（局部）

图1-2-14　三官殿西壁壁画

图1-2-15　三官殿西壁壁画（局部）

图1-2-16　真武大殿

图1-2-17 真武大殿前殿东壁壁画

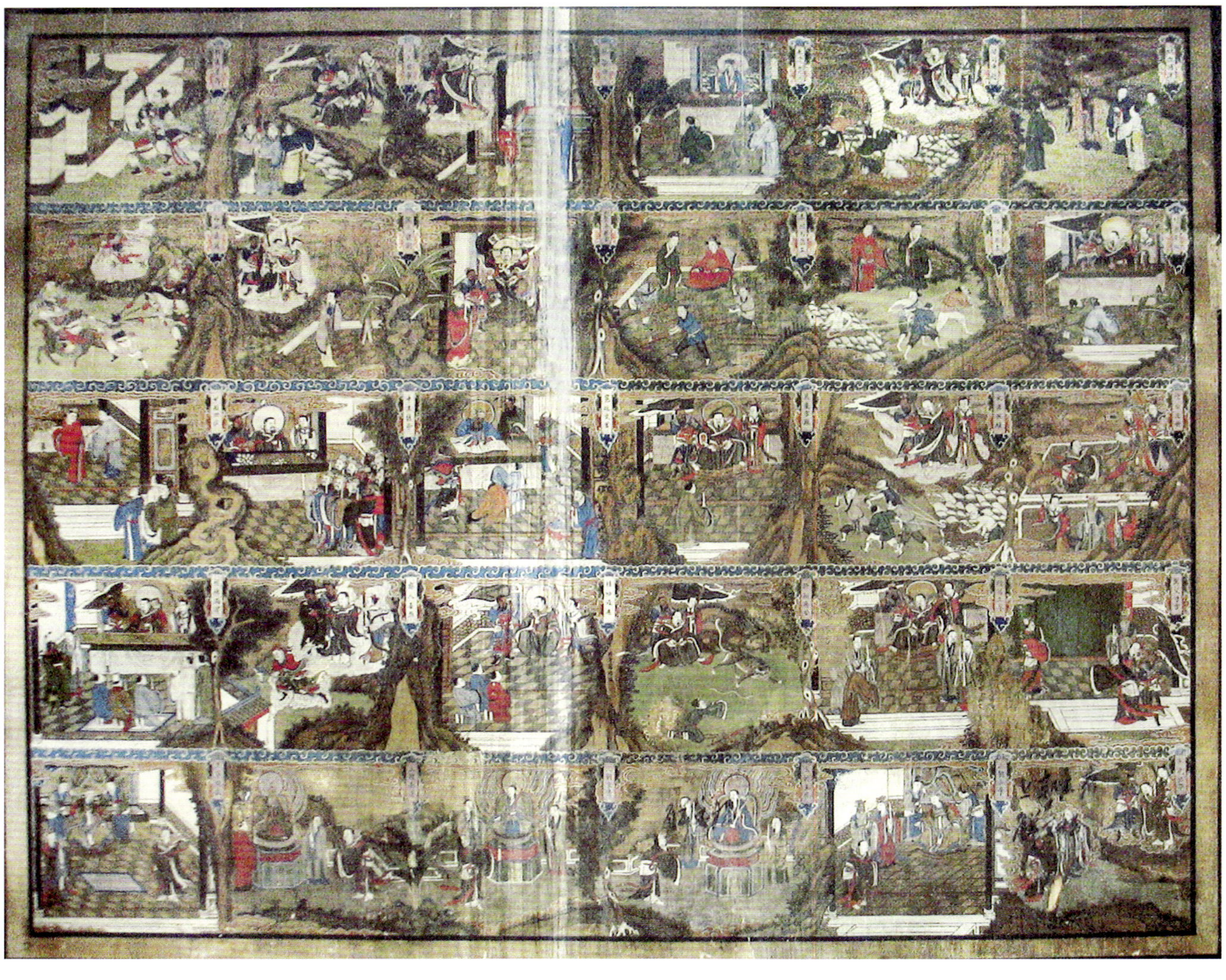

图1-2-18 真武大殿前殿西壁壁画

图1-2-19　真武大殿后殿东壁壁画（局部）

图1-2-20　真武大殿后殿西壁壁画（局部）

图1-2-21 真武大殿后殿壁画（局部）

图1-2-22 玉皇阁

图1-2-23　玉皇阁北壁壁画

图1-2-24　玉皇阁东壁壁画

图1-2-25　玉皇阁西壁壁画

图1-2-26 玉皇阁壁画（局部）

图1-2-27 水神庙左壁壁画

图1-2-28 水神庙右壁壁画

图1-2-29 佛殿正殿左壁壁画（局部）

图1-2-30 太阴太阳殿壁画（局部）

图1-2-31 崔府速报殿壁画（局部）

佳县兴隆寺壁画

兴隆寺（图1-3-1），俗称郑家寺，位于佳县城北40千米处的上高寨乡郑家后沟老村。据窟壁题记及碑刻记载，兴隆寺始建于元至大年间（1308—1311），明代成化、弘治、正德年间（1465—1521）扩建、重修，清乾隆三十一年（1766）进行过修缮。兴隆寺依山而建，殿宇坐北向南，随山势高低错落，形成五层阶梯形寺庙建筑群。第一层为沟谷小溪旁的戏楼。第二层为三霄娘娘殿、马王殿、禅院等。第三层东起有文昌帝君和白云菩萨楼、山神土地祠、药王七佛楼、财神殿、森罗宝殿、毗卢古佛楼以及钟楼。从森罗宝殿西侧登上神路是第四层，由西向东凿有四个大小不等的石窟，分别为关帝土神殿、释迦如来殿（水陆殿）、观音殿等。整个建筑群的最上一层为玉帝三官殿。

三霄娘娘殿和马王殿都位于戏楼的上方，均为砖石结构拱形窑式建筑。三霄娘娘殿供奉云霄、琼霄、碧霄塑像，两侧塑有催生娘娘、接生娘娘、送生娘娘等。三霄娘娘在民间又称为送子娘娘，到庙里烧香拜神的多是为求子祈福而来。拱形顶部绘八卦、祥云、瑞花等图案。东西壁绘童子图（图1-3-2），分四排，每一排以山石树木等图形分隔画面。每一画面有榜题和管龛人姓名。榜题如："状元及第""迎喜接福""独上朝纲""位列三台""九子夺梅""夺占鳌头""鱼跃龙门""加官晋爵""吉庆有余""太狮少狮""来龙游喜""五子夺魁""韩信打缸""一步登天""连升三级"（图1-3-3）、"鸣雷一声"等。南壁门洞两侧各开一窗，窗与拱形门洞之间的墙壁也绘有童子图，与东西壁的形式一致，有榜题和管龛人姓名。

马王殿内供有三座塑像，中央为马王塑像，左右分别为牛王和水草大王塑像。三座塑像两侧各立女侍一人，供台下左右两侧立男侍各一。马王殿墙壁上绘满壁画，拱形顶部装饰着八卦、鹤、龙、祥云、琴棋书画等图案。正面塑像背后屏风的间隙处也绘有龙的图案。东壁（图1-3-4）绘三王出巡图，牛王、水草大王和马王分别骑牛、麒麟和马从里往外走，三王面部破损。后有侍者高举伞盖；前有队列，或手捧灵芝仙草，或执刀斧金瓜，或敲锣打鼓，或执旗举牌，浩浩荡荡；上有麒麟车满载牛儿。所有队列都被白云环绕。画面最下端描绘人间场景，牧马人驱赶群马出门，还有主人立于门前拱手相送。西壁构图与东壁相反，描绘的是三王及其队列从外往里行进的画面，人像面部基本被破坏，局部有补绘的痕迹。画面最底部也为人间场景，牧牛的队列往家门口走，家门口有主人相迎。在东西壁与拱顶相接的山口各绘有山水画，没有上色，纯水墨表现。南壁入门两侧各开两扇窗，在窗和拱门的间隙处绘有牧马图各一（图1-3-5）。由风格判断，三霄娘娘殿和马王殿壁画都为清代绘制，但并非同一批画匠同时绘制。三霄娘娘殿壁画画风更为细腻，年代应比马王殿壁画要早。

山神土地祠，神台上塑黑脸山神和白须土地神坐像，左右两壁绘山神与土地神巡视山岳的情景（图1-3-6、图1-3-7）。土地神为一老者，头戴梁冠，慈眉善目，白须垂胸，手执节杖；山神为武将的形象，头戴钢盔，黑脸大目，手执钢鞭。此殿壁画应为清代所绘。

财神殿，上塑财神一尊，左右两壁分格绘财神故事图。每壁两排共四幅，有榜题和管龛人姓名。左壁（图1-3-8）有两处榜题："财源聚宝""出门发财"；右壁（图1-3-9）也有两处榜题："发福生财""焚香财源"。画面中人物造型与白云山白云观真武大殿前殿《真武修行图》有相似之处，绘制年代也应该是清末。

森罗宝殿，在僧人正儒主持下于明弘治十六年（1503）动工，正德元年（1506）十月始成。森罗殿上面是毗卢阁，为二重檐歇山顶建筑。窟内正面塑地藏王像，左右塑十殿阎王像。森罗殿壁画并不多，窟顶雕绘八卦、龙凤走兽等图案，东西两侧绘阎罗图各一（图1-3-10、图1-3-11），残损比较严重，从尚存部分看设色淡雅，绘制精巧，应为清代的遗迹。

关帝土神殿内塑关公和土地神像，像后墙壁绘屏风，上有山水、花鸟画。殿顶绘八卦、祥云图案，两壁绘故事图。左壁（图1-3-12）分格绘四图，为土地神的故事图，有榜题。除一图榜题模糊不清外，其余分别为："讲说经法""金砖薄（铺）地""遥请诸佛"。右壁（图1-3-13）分格绘关羽的故事，共四图，榜题分别为："桃园结义""安西上任""三战吕布""大破黄金（巾）"。此殿画风粗糙，应为民国时期所绘。

释迦如来殿，在释迦牟尼像的两侧墙壁上绘明王像（图1-3-14），左侧残损，右侧保存完好。壁画横0.4米，纵0.8米。殿左右两侧供台上新塑十六罗汉，左右各八尊，左右墙壁绘水陆道场画120组（图1-3-15），横4.4米，纵1.42米。殿的顶部为彩绘藻井，由里及外分布八卦图、麒麟和龙以及蔓草祥云等图案。据风格判断，释迦如来殿壁画应为清代绘制。

观音殿正面观音像后墙壁（北壁）绘头光和身光，左右侧绘善财童子（图1-3-16）和龙女（图1-3-17），横纵都为0.7米×1.15米。殿的左右两壁绘《观音救难图》，横1.8米，纵1.33米。左侧（图1-3-18）分格绘制，两排三列共六幅，有榜题："刀寻段段坏""火坑变成池""自然得解脱""龙鱼诸鬼难"等；右侧（图1-3-19）不分格，但也有榜题，如"如日虚空住""应时得消散""波浪不能莫"等。这些故事来源于《观世音普门品》，讲述的是观音的应化、慈悲、神力以及游诸国土度化众生的事迹。左壁上有题记"旨大清道光十五年七月二十二日午时开光大吉释子源清"，应该是清道光十五年（1835）绘制。

玉帝三官殿为清嘉庆十年（1805）所建，后几经修缮。殿的拱形顶部绘八卦图，环绕着祥云纹图案。正面塑玉帝像，像前置木供楼，内置天、地、水三官木雕像，像旁的立柱和横柱上都塑有蟠龙。东西壁前立侍者与天王像，墙壁上绘众仙像（图1-3-20），横4.1米，纵1.5米，分多层排列，诸神仙手持笏板，冠冕处采用沥粉描金手法绘制而成。从绘画风格判断，壁画应为清晚期的作品。

图1-3-1 兴隆寺

图1-3-2 三霄娘娘殿东壁壁画

图1-3-3 三霄娘娘殿壁画（局部）

图1-3-4 马王殿东壁壁画

图1-3-5　马王殿南壁壁画

图1-3-6　山神土地祠壁画（局部）

图1-3-7　山神土地祠壁画（局部）

图1-3-8　财神殿左壁壁画

图1-3-9　财神殿右壁壁画

图1-3-10　森罗宝殿东壁壁画

图1-3-11　森罗宝殿西壁壁画

图1-3-12　关帝土神殿左壁壁画

图1-3-13　关帝土神殿右壁壁画

图1-3-14　释迦如来殿正壁壁画（局部）

图1-3-15 释迦如来殿右壁壁画

图1-3-16 观音殿北壁壁画（局部）

图1-3-17　观音殿北壁壁画（局部）

图1-3-18　观音殿左侧壁画

图1-3-19　观音殿右侧壁画

图1-3-20　玉帝三官殿壁画

佳县观井寺壁画

观井寺位于佳县东北部朱家坬乡观井沟村（又名李家坬）东约500米处，坐西向东，背靠土山，山门前有一条已经干涸的河道。寺院呈长方形，东西约35米，南北约52米，占地面积约1820平方米。寺内建筑左右对称展开，山门正对主殿，寺内旧有殿宇大都坍塌，仅留主殿及南北配殿，北侧配殿为二郎神殿，南侧配殿为财神殿。北侧配殿在十多年前重修过，旧有壁画残迹被重描破坏。寺院外东边另有一个旧殿，里面塑像与壁画全部不存，门前有一个新砌的过关塔。

主殿（图1-4-1）屋宇高大，面阔三间，进深三间，歇山顶砖瓦结构，门窗廊檐做工精细，檐子上可见旧有彩绘描金的痕迹。殿内无柱，在四架梁上设驼峰承载负重，架梁上也有彩绘图案，殿内塑像已全部遗失，西壁及南北两壁皆绘满壁画。西壁壁画已基本不存，南北两壁部分壁画已被屋顶渗下的漏痕破坏，漫漶不清。从可辨识的内容来看，南北两壁为水陆题材壁画，每壁彩绘分六层排列，每层十余龛图像，所有人物形象全部面朝西。整体上北壁壁画（图1-4-2）颜色较为浅淡，应与常受日光照射有关，共由63组图像组成，所绘内容有天藏菩萨、无色界四空天诸天众、大梵天王、欲界上四天天主并诸天众、帝释尊天并诸天众、四大天王众、太乙诸神五方五帝等众、日宫天子、月宫天子、九曜星君、十二宫神、二十八星宿（图1-4-3）、北斗七星真君、天地水府三官大帝众神、天蓬天猷翊圣玄武真君（图1-4-4）、天曹府君众神、四值使者（图1-4-5）、大威德菩萨、阿修罗众、大罗刹众、罗刹女众、大圣引路王菩萨（图1-4-6）、往古一切人伦等。引导神祇有三位：天藏菩萨、大威德菩萨及大圣引路王菩萨。南壁壁画（图1-4-7）颜色较为鲜艳，比之北壁剥蚀较少，保存相对好一点，共由64组图像组成，所绘内容有四海龙王众、五岳圣帝君、后母圣土、持地菩萨、安济夫人（图1-4-8）、水府龙王众、龙神众、虚空藏菩萨、地府地狱（图1-4-9）等，以及下界神祇、冥殿十王（图1-4-10）、启教大士面然鬼王、孤魂冤鬼（图1-4-11）、六道四生（图1-4-12）等。引导神有四位，持地菩萨、虚空藏菩萨、幽冥教主地藏王菩萨及启教大士面然鬼王。两壁壁画每龛图像旁侧画有一个方框，红底黑字，题写有布施者姓名，如“管龛信士某某”。

南配殿壁画塑像全部不存。北配殿二郎神殿南北两壁留有壁画，内容为辅助二郎神的天神天将。南壁壁画（图1-4-13）保存较好，共有九位天神，包括灵官神护法、金山大王护法、义勇武安王护法、白星护法、火帝真君护法、文曲星护法、天王神护法等。北壁壁画（图1-4-14）因日晒雨淋，漫漶不清，隐约可见韦陀护法、赵公明护法等，绘艺精湛。

图1-4-1 观井寺主殿

图1-4-2 主殿北壁壁画

图1-4-3 主殿北壁壁画（局部）

图1-4-4 主殿北壁壁画（局部）

图1-4-5 主殿北壁壁画（局部）

图1-4-6 主殿北壁壁画（局部）

图1-4-7 主殿南壁壁画

图1-4-8 主殿南壁壁画（局部）

图1-4-9 主殿南壁壁画（局部）

图1-4-10 主殿南壁壁画（局部）

图1-4-11 主殿南壁壁画（局部）

图1-4-12　主殿南壁壁画（局部）

图1-4-13　二郎神殿南壁壁画

图1-4-14　二郎神殿北壁壁画

佳县大佛寺壁画

大佛寺（图1-5-1），又名大福寺、福寿寺，位于佳县上高寨乡大佛寺村，始建于明万历四年（1576），根据寺内碑文及正殿墙壁题字可知清代乾隆、嘉庆、道光年间以及民国时期都进行过修缮。现存释迦殿尚完整，坐北向南，为砖石结构拱形窑式建筑。释迦殿东有关帝殿、观音殿、禅院，西有森罗殿、马王殿和龙王殿，院中设韦陀小龛，北有娘娘庙，南有戏楼。

释迦殿两侧墙壁有两尊相同的新绘力士像，拱形顶部亦为新绘。北壁东西两侧还绘有因缘以及本生故事图。北壁东侧分格绘制，三排两列共六幅，左上角有榜题，右下角为管龛人姓名及捐钱数目。榜题从上至下分别为："持剑害佛""普度众生""信奉佛教""□□□□""割肉喂鸟""□□□□"。"普度众生""信奉佛教"两图补绘的痕迹比较明显。北壁西侧也分格绘制，三排两列共六幅，左上角有榜题，右下角为管龛人姓名及捐钱数目。榜题从上至下分别为："屠客求度""佛度屈利""耶舍拜佛""佛现莲花""胜□闻法""度除□人"。前四图榜题为后来补题，画面也有后补的痕迹。

释迦殿东西壁绘佛传故事图，西壁（图1-5-2）分格绘制，五排，最上一排为四图，其余各排为六图，总计每壁28幅。整体呈半圆形扇面，最上一排的外缘以及第二三排两侧画面的外缘呈弧形。西壁顶部第一排榜题从北至南为："佛指移石""度须跋陀""纯陀后供""空声警策"。第二排："阿难索乳""耶输应梦""请佛住世""迦叶付法""浴佛形象""金棺自举"。第三排："坐菩提座""魔王得梦""魔子拒战""魔子谏父""魔女炫媚""魔子忏悔"。第四排："老人出家""帝释献衣""夜半逾城""初起出家""得遇沙门""路逢老人"。第五排："讲演武艺""习学书数""太子灌顶""悉达纳妃""路睹死尸""道见病卧"。东壁（图1-5-3、图1-5-4）从北至南第一排："二商奉食""成等正觉""菩萨降魔""地神□□"。第二排："调伏二仙""六年苦行""禅河澡浴""帝释献衣""魔众拽瓶""天人献草"。第三排："牧女乳糜"（图1-5-5）、"远余资粮""劝请还宫""诘问林仙""车匿还宫"。第四排："姨母养育""仙人占相""往谒天词""园林嬉戏""金刀落发""车匿辞还"。第五排："朝见父王""从园还城""沐浴金躯""树下诞生"（图1-5-6）、"圣母应梦""梵王设朝"。南壁绘制的石碑两方，上有墨书题记，除此以外还有其他的题记，记载了从嘉庆十三年（1808）至民国三十五年（1946）间天旱祈雨，三官以及龙王显灵降雨的内容。北壁东西两侧壁画与东西两壁壁画不是同一批画匠绘制的，后者艺术性强于前者，从人物（尤其是女性）形象来看有比较浓厚的清代风格。从破损情况判断，东西壁绘画的完成时期有可能比北壁东西两侧壁画要晚些。

释迦殿东侧有观音殿和关帝殿，都为砖石结构拱形窑式建筑。观音殿内破败不堪，残存山形壁塑，顶部绘有八卦图，除此别无其他壁画。关帝殿内正壁留有影塑背屏一座（图1-5-7），南北两壁壁画保存相对完整，都为三排四列共12幅，有榜题及管龛人姓名。南壁（图1-5-8）由西至东最底下一排榜题："桃园三结义""三英战吕布"（图1-5-9）、"怒斩华雄""古城斩蔡阳"。第二排："霸桥见别""华云道挡曹"（图1-5-10）、"义释黄忠"（图1-5-11）、"单刀赴会"（图1-5-12）。第三排："水淹七军"（图1-5-13）、"许田射鹿""怒斩颜良""封金挂印"。最上一幅为半圆形，画面中间榜题"大破黄巾"，画面左右下方有管龛人姓氏。北壁（图1-5-14）从东至西最底下一排榜题为："三让徐州""黄河渡口斩陈琪""汉关公二气周俞（瑜）""镇国寺斩卜（卞）喜"。第二排："夫人夜梦刘皇叔""黄土山议说关公""关公张刘代王忠""云阳关斩王植"。第三排："城都爵帝位""束林关立渐（斩）孔秀""张翼德夜占（战）马朝（超）""□□□喜"。最上一幅为半圆形，画面中央题"大破耻牛"，左右侧下方留有题管龛人的空白框。关帝殿壁画中的关帝气宇轩昂，人物造型饱满，脸部有比较明显的晕染，动作姿态自然，叙事流畅，整体画风清丽，有明代遗风。关帝殿壁画表层下面还覆盖着另一层壁画，《夫人夜梦刘皇叔》《黄土山议说关公》两图下侧处可看到表层壁画脱落后的底层壁画，绘一持刀红衣女子，面部宽博，服饰色泽艳丽，用线爽利，应该为明代的遗迹。

马王殿位于森罗殿的西侧，为砖石结构拱形窑式建筑，拱形门窗破损。正面有泥塑三尊，但仅存下半部分，塑像后的北壁绘有墨龙（图1-5-15）。拱顶为八卦祥云图。东西壁为出队入队形式，东壁为出队（图1-5-16），三头六臂的马王（图1-5-17）骑在枣红大马上，位于画面中央上方，其左侧为骑于牛背上的牛王（图1-5-18），右下方为骑在红马上的水草大王（图1-5-19）。三王身后有拱手而立的官员及侍从，前有执旗举牌吹号者开道，整个队伍被云彩环绕。西壁为入队（图1-5-20），马王、牛王、水草大王及其随从从外往里走，构图与东壁相反。东西壁画人物多着明代服饰，有些人物面部色彩变黑，人物面部圆润，线条流畅，绘画表现技巧高超，推断为明代所绘。

龙王殿位于马王殿的南侧，同为砖石结构拱形窑式建筑。北（正）壁半圆形扇面形式，绘龙王夫妇并坐像（图1-5-21），皆执笏，两侧及身后环绕着侍从。所绘菱形地砖纹与兴隆寺森罗宝殿壁画在形式、组合、色彩方面基本一致。拱顶为八卦图。东西两壁分别为出队入队形式，东壁为出队图（图1-5-22），龙王位于画面左上端，坐于龙背上，左右有侍从，后有伞盖，前为仪仗。仪仗队分多层绘出，第一层队伍最前端为执旗者，后跟开道骑从，五马一字排开，前三者为头戴乌纱帽的官员，执举金瓜、斧钺和银镫，后二者为天王，执刀箭。第二层仪仗最前端为吹乐打鼓者，后紧跟麒麟车，车旁有赶车人，车上载有宝瓶，五彩毫光从瓶内溢出，车后有前导官员，后跟四目仓颉等。第三层前端有吹乐击钹铙者，后有风雨雷电四神（图1-5-23），整个出巡队列包围在云层之中。云层之下为人间图景，描绘的是出门牧牛的情景，在画面左端有拱手相送者，其背后可见围墙相隔的楼阁庭院，屋内还有两个正在从事家务的妇女。西壁为入队图（图1-5-24），构图与东壁相反，画面底部也有描绘人间生活的场景。龙王殿壁画整体程式化强烈，尤其是行进队伍略显僵硬，从其服饰及风格来看，应为清代绘制。

南边的戏楼，背倚山体，也是砖石结构拱形窑式建筑，坐南向北，在内部东西侧开两个拱形门洞，内存少量壁画。东门洞正壁绘中堂壁画，但画面模糊不清，两侧书联“白日依山尽，黄河入海流”。左右两壁分别绘黑虎和麒麟，黑虎身上写有“公明”二字。西门洞正壁亦绘中堂及对联，但已破损。左右两侧分别绘麒麟和黑虎。在黑虎背部上方有“光绪三年……”题记，由此可知戏楼的壁画或绘于此时。

图1-5-1　大佛寺

图1-5-2 释迦殿西壁壁画

图1-5-3 释迦殿东壁壁画

图1-5-4 释迦殿东壁壁画（局部）

图1-5-5　释迦殿东壁壁画（局部）

图1-5-6　释迦殿东壁壁画（局部）

图1-5-7 关帝殿正壁

图1-5-8 关帝殿南壁壁画

图1-5-9 关帝殿南壁壁画（局部）

图1-5-10　关帝殿南壁壁画（局部）

图1-5-11　关帝殿南壁壁画（局部）

图1-5-12　关帝殿南壁壁画（局部）

图1-5-13　关帝殿南壁壁画（局部）

图1-5-14　关帝殿北壁壁画

图1-5-15　马王殿北壁壁画

图1-5-16 马王殿东壁壁画（局部）

图1-5-17 马王殿东壁壁画（局部）

图1-5-18　马王殿东壁壁画（局部）

图1-5-19　马王殿东壁壁画（局部）

图1-5-20　马王殿西壁壁画

图1-5-21　龙王殿北壁壁画

图1-5-22　龙王殿东壁壁画

图1-5-23 龙王殿东壁壁画（局部）

图1-5-24 龙王殿西壁壁画

佳县香炉寺壁画

香炉寺（图1-6-1）位于佳县县城东200米的香炉峰峰顶，东临黄河，三面绝空，仅西北面与外界相连。峰前有一直径约5米、高20余米的巨石矗立，与主峰间隔2米，形似高足香炉，故而得此寺名。

据寺内现存石碑记载，香炉寺建于明万历四十二年（1614），正殿是圣母殿，左右有配殿，南边有山门、石牌坊等。圣母殿（图1-6-2）坐北朝南，为拱券式结构建筑，殿内三座塑像的背后绘有十条屏形式壁画（图1-6-3），内容为人物故事（图1-6-4）及花鸟，两侧坐像后绘有水墨山水，拱形山墙上也绘有水墨菊、竹。从画风判断，这些壁画应是民国时期绘制。

圣母殿左右两侧有配殿，配殿分两部分，前半部分都朝南，殿内绘有壁画。东配殿（图1-6-5）的前殿北壁佛像左右各绘壁画三幅（图1-6-6），有榜题，左侧从上至下分别为："习学书数""举象过城""悉达纳妃"；右侧从上至下分别为："金刀落发""梅鹿献花""猿猴进果"（图1-6-7）。西面墙壁绘有三列共八幅壁画（图1-6-8），靠近门口为第一列，只有两幅图，呈不规则形，从上至下分别为："嘱咐国王""金棺不动"；第二列："威震佛尸""十僧哭佛""执□舍佛"；第三列："舍身喂莺（鹰）"（图1-6-9）、"雪山答坐""金冠还朝"。东面墙壁绘三列共八幅图（图1-6-10），靠近门口为第一列，有两幅，从上至下为："□射九鼓""圣母应梦"；第二列："南门遇病""东门遇生""沐浴金身"；第三列："□门遇尸""□□□老""朝见父王"。

西配殿（图1-6-11）的前殿留存有壁画，西壁四幅（图1-6-12），东壁四幅（图1-6-13），但破损严重，虽也有榜题，但只有一处能识读，为"蛇蝎自回头"。从画面上辨别可知，绘制的内容是观音度世救厄的各个场面，来源于《观世音普门品》。通过比对可知圣母殿左右配殿的前殿壁画为同一时期同一批画匠所绘，画风清新，树石坡岸多用石青和花青色，从绘画风格来看，应绘于清末。

图1-6-1 香炉寺

图1-6-2 圣母殿

图1-6-3 圣母殿正壁壁画

图1-6-4 圣母殿正壁壁画（局部）

图1-6-5　东配殿

图1-6-6　东配殿北壁壁画

图1-6-7　东配殿北壁壁画（局部）

图1-6-8　东配殿西壁壁画

图1-6-9　东配殿西壁壁画（局部）

图1-6-10　东配殿东壁壁画

图1-6-11　西配殿

图1-6-12　西配殿西壁壁画

图1-6-13　西配殿东壁壁画

佳县普奈寺壁画

普奈寺石窟，位于佳县金明寺镇张家湾村南1千米处。东距卧虎湾500米，西南距苏家坬1.5千米，建筑面积约500平方米，主体建筑为石窟。据残碑记载和石窟造型分析，该寺建于明正德七年（1512），明嘉靖年间（1522—1566）又扩建。因人为破坏和自然侵蚀严重，现有建筑多为20世纪80年代前后在原址上新修。石窟面积约54.4平方米，主体完好，壁画线条流畅，形象逼真，是研究明代历史、宗教、绘画艺术的重要资料。1994年11月30日，被佳县人民政府公布为县级重点文物保护单位。

石窟内四壁原皆有壁画，笔法粗中有细，设色浓郁。目前，只有三壁还保存有壁画，其中东西二壁较为残破，原有雕像已毁坏，只剩下靠近南壁的彩绘。东壁南侧彩绘分上下两层，上层为坐于莲台上的菩萨（图1-7-1），呈结跏趺坐，施与愿手印，有头光和身光，身后祥云围绕。下层站立两位玉女（图1-7-2），面部浑圆饱满，有头光，手里均持有经卷。在西壁南侧（图1-7-3）亦有上下两层图像，上层是一位菩萨（图1-7-4），坐于莲座之上，面部饱满，有头光和身光，身后有祥云。左手持一球状物，内画一眼，且球中有气上升，气中有众多眼睛。从此图像特征可识别这尊菩萨是眼光菩萨，该菩萨源自道教中的眼光娘娘，全称“眼光圣母惠照明目元君”。在此菩萨的下部，画有两位弟子（图1-7-5），均有头光，双手持盘，盘上均托有眼球，应为眼光菩萨的侍从。最下部有一长方形题记，分别记录丹青、木匠、铁匠等人名。

在石窟南壁，窟门将壁画分为东侧和西侧两部分，东侧壁画（图1-7-6）共有13位人物，均为男性。分为上中下三层，上层是一位，有头光，双手合十。中间一层是七位，下层为五位，从服饰上可见，均为武士装扮，或双手合十，或手持兵器，身后均有祥云围绕，应是护法神将。西侧壁画（图1-7-7）共有十位人物，其中有两位女性，八位男性。亦分为上中下三层，上层一位，中间四位，下层五位，或持剑、笏板、琵琶等，有文官装和武官装。从装扮和手持物判断，中下二层应是九曜星君。

图1-7-1 东壁南侧壁画（局部）

图1-7-2 东壁南侧壁画（局部）

图1-7-3　西壁南侧壁画

图1-7-4　西壁南侧壁画（局部）

图1-7-5 西壁南侧壁画（局部）

图1-7-6　南壁东侧壁画

图1-7-7　南壁西侧壁画

佳县云岩寺壁画

云岩寺（图1-8-1）坐落于佳县县城南1千米处的虎头峰山腰，占地面积5000多平方米。寺内石窟始凿于唐代，完成于宋代宣和四年（1122）。寺庙由错落有致、高低参差的八个窟室，古色古香的殿阁，宋代大观年间（1107—1110）的摩崖题刻以及明清琉璃浮雕碑石、壁画、古柏等组成。

主窟为大雄宝殿（图1-8-2），窟内外存留有各具特色的48尊摩崖石刻造像。造像大小不一，高度在0.25—1.49米之间，形状各异，栩栩如生。主窟深6米，宽7米，高4米，窟内供奉的主神为释迦牟尼，左边阿难，右边迦叶，左下方有坐骑石狮的文殊菩萨，右下方为坐骑石象的普贤菩萨。东西二壁雕塑十六罗汉，或憨或智，或忧或怡，神情各异，栩栩如生。窟顶为莲花藻井，窟外两边分立天王和力士。整个石窟体现了宋代人的审美观，刀法细腻，比例适度，形态多变，既是我国古代劳动人民聪明才智和艺术才能的结晶，又为人们研究宗教发展、欣赏古代造型艺术提供了弥足珍贵的实物资料。

现尚存壁画较少，均位于大雄宝殿正壁上，分别绘于主尊雕像的两侧。东侧壁画（图1-8-3）绘一坐佛，呈结跏趺坐于莲花座台之上，面部呈三分之二侧，由于被后世粉刷涂盖，右手臂姿态已看不清了。西侧壁画（图1-8-4）亦被后世涂抹较多，隐约可见一佛坐于莲台之上。

图1-8-1　云岩寺

图1-8-2　大雄宝殿

图1-8-3 大雄宝殿正壁东侧壁画

图1-8-4 大雄宝殿正壁西侧壁画

榆林市横山区大寺洼石窟壁画

大寺洼石窟（图1-9-1）位于陕西省榆林市横山区南40余千米处的塔湾镇塔湾村。石窟坐北朝南，依山而凿，置于石畔之上。由于无人看管并长年遭风霜雨雪的侵蚀，多数壁画均已不存，仅遗存少量壁画。有三个洞窟遗留有壁画，具有明代风格，是陕西境内少有的壁画佳作。

第一窟，高2.5米，纵深3.5米，宽2.9米，窟口高2.6米，宽1.3米。大部分壁画已损毁不清，西壁壁画已经脱落，只剩东壁和窟门左右两壁遗留有比较清晰的壁画。其中东壁壁画（图1-9-2）高0.8米，长2.6米，由于破损只能看到14位人物，仿佛描绘的是出行情景，队伍朝向洞口方向。整个构图呈两个部分，靠近洞口的部分由九个人物和一匹马组成。坐在马上的人物头戴梁冠，方心曲领，呈官员装扮。其余八人步行，应是官员的侍从，面部均有破损，各自手持长戟、长柄团扇、长柄斧钺、长柄幡旗、宝剑等物件。八人都转头向后方，将观者的视线引向后面的五人一车。画面破损较为严重，只隐约可见其中一人头戴梁冠坐于车上，车上有华丽伞盖，步行四人，各自手持经卷、长柄羽扇、长柄幡旗等物。在众人的背后绘有高山瀑布和松树，笔法简洁。窟口东侧壁画（图1-9-3）一半被沙土掩埋，破损较严重，隐约可见一位身穿铠甲的武士，手持长柄武器，站在窟口，意为保护和守卫。

第二窟，窟内依然满是风沙堆砌的沙丘，部分壁画已经被沙土掩埋，部分窟顶已坍塌。该窟高2.4米，纵深3.8米，宽2.96米。原四周顶部都应有精彩的壁画，现在只遗存东西两壁和洞窟口左右两壁壁画。东壁壁画残存长1.8米，高1.4米；西壁壁画残存长2.1米，高1.2米。出口处左壁残存壁画高1.3米，长0.9米；出口处右壁残存壁画高1.3米，长0.86米。窟内东西两壁残损较为严重，仅残留四位人物，分列在东西两壁，呈武将装扮，身上的衣服和飘带飞扬，表现出精神焕发的状态。西壁壁画中的两位神祇（图1-9-4），一位双手捧盘，盘中盛一物，已看不清；另一位右手持出鞘宝剑。两者头部均剥落不清。东壁壁画残存两位神祇（图1-9-5），靠近窟口绘有神祇面部和身体的大部分墙皮已脱落，从现存部分可看出其手部呈拔剑状，身旁神祇赤裸上身，肌肉健硕，左手持凿，右手持锤，身后有展开的羽翅，有三趾爪足。由此图像可以推测，这四位神祇可能是雷部众神。

洞窟口左右两边的壁画（图1-9-6）绘制的功力与东西两壁相比较，水平显得更高一筹。尤其是西侧的壁画（图1-9-7），虽然大部分已缺损，但残余的部分非常精彩。仔细推敲，画面表现极其丰富自然，左右穿插、上下衔接都形成了鲜明的对比。手持长枪宝剑的动作在画面中显得静中有动，动中有静。该壁画上人物五官清晰可见，脸前绘有云气图和发饰，线条流畅、生动，可以看出画工高超的技艺。东侧壁画（图1-9-8）上的神祇同样威武有力，身穿盔甲，表现出即将参加战斗的样子，手中还紧紧握着长枪，其动态自然和谐有序。画面上的色彩经过时间的洗礼，现已模糊不清，但还可以看到当年的神采。

第三窟，窟长5.25米，宽3.5米。窟内东壁壁画（图1-9-9）几乎全部脱落，只有接近出口处遗留一小部分高2.3米，最长1.2米，最短0.5米的壁画。壁画描绘的是三位神祇，个个精神焕发，威风凛凛，手握宝剑，好像正在追赶着什么，双眼直视前方，眼神显示出警戒的态势。神祇背后画有翻滚的流云，神祇身穿的盔甲涂满金黄色，飘带、衣饰都涂满了石绿和石青，显得画面更有动感，富有极其强大的生命力和艺术感染力。

西壁壁画（图1-9-10）绘有十位神祇，六位呈武将装扮，应为护法神将，另四位呈女装，有头光，或持一盘假山，或持宝杖。该壁画高2.5米，最长3.25米，最短2.8米。据考证应为明代中后期所绘。

窟口处左右两壁（图1-9-11）绘有身体强壮的金刚力士。东侧壁画（图1-9-12）残缺，上半部分都已经脱落，只遗留下半身，最高0.88米，最低0.65米，长0.58米。现存壁画的构图、线条、色彩都仔细、考究，采用纯天然矿物质颜料绘制。从画面来看，大部分以平涂为主，局部进行了渲染和线条的穿插，特别是腿上发达的肌肉以及腿毛都刻画得十分生动、自然，与衣服上的线条对比和谐有序，服装表现出柔软飘逸的美感。中国画最讲究的“气韵生动”“骨法用笔”，在该壁画上表现得淋漓尽致。该壁画的线条和色彩在三个石窟壁画中算是水平最高的一组，都是一气呵成的，可以推断出这个画工有相当高的水平和技巧。

西侧壁画（图1-9-13）同样画有金刚力士，如现实中魁梧的力士一样，站在门前一动不动，显得非常威武雄壮。壁画高0.8米，长0.65米，上部损毁得比较严重，下部保留相对完整，可以感受到昔日的风采。经推敲可知这一个石窟的壁画为同一个人所画，线条几乎没有中断，都是经过严谨细致刻画的，显示出当时社会文化水平之高和画工的构图功力之强。

图1-9-1 大寺洼石窟

图1-9-2 第一窟东壁壁画

图1-9-3 第一窟窟口东侧壁画

图1-9-4 第二窟西壁壁画

图1-9-5 第二窟东壁壁画（局部）

图1-9-6 第二窟洞口两侧壁画

图1-9-7　第二窟洞口西侧壁画（局部）

图1-9-8　第二窟洞口东侧壁画（局部）

图1-9-9　第三窟东壁壁画（局部）

图1-9-10 第三窟西壁壁画

图1-9-11 第三窟窟口两侧壁画

图1-9-12　第三窟窟口东侧壁画（局部）

图1-9-13　第三窟窟口西侧壁画

榆林市横山区鸿门寺壁画

鸿门寺位于陕西省榆林市横山区塔湾镇西南1千米处的红石岩上。鸿门寺内遗存一座古代建筑响铃塔（图1-10-1），据《横山县志》记载，“响铃塔建于元代泰定年间（1324—1328）”，距今有近七百年的历史。塔的整体色彩呈红褐色，共计11层，残高27米，底周长24米，塔体外观呈八边形，密檐式砖塔，内部空心由木棒支撑，一到三层由石板砌成，四到十一层由红褐色的砖垒砌而成，棱角分明，至今保存较为完整。响铃塔内壁画只剩下一处。

目前，塔内壁画受烟熏影响和人为破坏较重，保存不甚理想。壁画主要绘制了十八罗汉①礼佛题材的场景（图1-10-2），绘有23身画像，共分三个部分。画面中间为一佛二弟子二菩萨（图1-10-3），佛为坐像于画面中间，有头光和身光，着红衣，手印模糊不清。两侧分别站立一位弟子，有头光，均朝向主尊佛。在两位弟子的外侧分别绘有一位菩萨（图1-10-4、图1-10-5），均为坐像，有头光，与主尊佛同等大小，弟子形体较之略小。在两位菩萨的外侧左右两边各站有九位罗汉（图1-10-6、图1-10-7），表现形态惟妙惟肖，动作各异，有的拿着拂尘，有的手握龙头拐杖，有的双手合十，有的双手抱礼品，有的袒胸露腹，有的与龙相伴（图1-10-8），等等。整个壁画面积可达十余平方米，环绕塔内一周，壁画的人物都有头光，头光大小不等，佛与菩萨的头光较大，且有身光。壁画绘制手法较为熟练，着色独特，主要以褐色、石青、石绿、紫罗兰、大红和深红等色彩绘制而成。整个壁画有宋元遗风。

① 壁画中所绘十八罗汉是由十六罗汉发展而来的。据史料所载，最早的十八罗汉画像出自公元九至十世纪的民间画师张玄和贯休和尚之手，北宋大诗人苏东坡看了后，认为有生活情趣，在《自海南归过清远峡宝林寺敬赞禅月所画十八大阿罗汉》一文中，写出了十八罗汉的名号，前十六位和《法住记》所述相同，后两位则题了《法住记》作者庆友尊者和宾头卢尊者。此后，十八罗汉中的后两位众说纷纭，难以推定，有的摆上了唐代高僧玄奘，有的推上了“一苇渡江”的达摩，有的还把人们尊称为弥勒佛的布袋和尚也纳入十八罗汉行列。但不管如何，十八罗汉之说在民间得以普遍盛行，逐渐取代十六罗汉之说。元明以后，佛教寺院里通常绘塑十八罗汉。

图1-10-1　鸿门寺响铃塔

图1-10-2　响铃塔壁画（局部）

图1-10-3　响铃塔壁画（局部）

图1-10-4　响铃塔壁画（局部）

图1-10-5　响铃塔壁画（局部）

图1–10–6　响铃塔壁画（局部）

图1–10–7　响铃塔壁画（局部）

图1–10–8　响铃塔壁画（局部）

榆林市横山区龙王庙壁画

龙王庙，坐落于榆林市横山区石井村路边的崖壁上。远看是一个洞窟（图1-11-1），窟门约2米高，1米宽，上部呈圆拱形。窟门上面有较整齐的六个圆孔，在石窟的周围还有几段损毁的土墙，由此推断，过去石窟旁边应该还有其他建筑。目前，整个寺庙均已破败，无人管理。

石窟内部呈陕北地区典型的窑洞形式，顶部为圆拱形。石窟依山势而建，面向公路和田地，背东朝西，与通常面南背北的石窟略有不同，窟内宽约2.92米，纵深1.3米，窟高2.18米。窟内四壁均有壁画，其中东壁壁画宽约2.63米，高约1.2米，横向构图，呈长方形；南北两壁壁画均宽约0.93米，高约1.89米，竖向构图，三边平直，画面上部与窟顶契合呈圆弧状；西壁中间开窟门，分成两块壁画，均宽约0.44米，高约1.82米。据考，该壁画应该是清末民初所绘。

东壁壁画（图1-11-2）从位置和画面人物形体来看，可知此壁画所绘人物是石窟中主要供奉神祇。壁画上共绘有九位人物，其中五位手持笏板，且位于画面的中央，体态也略大于其他四位人物，可以确定这五位应该是主神，即五龙王。整幅画面呈中心对称构图，好似在一个舞台之上，画面上方和左右都有帷幔。从画中座位扶手及姿势来看，可知五位主神呈坐姿，均头戴梁冠，蓄须，最中间的一位（图1-11-3）单手持笏板，其他几位主神双手持笏板。在五位主神的两侧和身后共站立四位人物，这四位从站姿和身形比例来看，可以确认是主神的侍者。其中一位力士在主神左侧站立（图1-11-4），面部和身上肌肉健硕，头发呈向上竖立状态，赤裸上身，有披肩，腰部有捍腰，身上衣带飞扬，下着三色裙裤，足蹬薄底靴。力士的左手抱一个群青色棒槌瓶，瓶上用白色线条勾勒出格子和花卉进行装饰，瓶口用石青色绘出水波纹，以显示此为一个盛水用的器物；右手拄一狼牙棒，棒头立在地上。在主神的身后绘有两名侍者（图1-11-5），头戴朝天幞头，各自持一长柄团扇，团扇在主神身后上方重叠，两位侍者面部却分别向外观视，与主神的目光相补充，显示出对整个朝贡者的控制。在主神的右边站立一位身着群青色服装的官员（图1-11-6），头上的帽子由于破损已经看不清楚了，其长发和络腮长髯向四周展开，面部受损不清，右手握笔状物于面前，左手抱一簿册夹于腰间，腰束玉带，从其所持之物来看，应为书记一类的官员。

南壁壁画（图1-11-7）根据人物排列来看共分为五层，在画面的最上方第一层绘有五个三层伞盖和五位头戴梁冠的人物（图1-11-8），根据伞盖、梁冠和龙坐骑的特点，结合东壁壁画内容，可以确认这五位是整幅画面的主要神祇。他们或皱眉，或凝视，每人均右手拿一枝叶状植物，左手持一钵杯形容器，容器内盛有水波状物，在云气中能隐约看到两个龙头。在画面的最左边还有一位人物，挤在一个角落，在画面中只露出半个身子，头戴帽子，面部较黑，有八字和络腮胡须，可能是东壁壁画上的书记官员。在画面的第二层共有五位人物和一辆龙车，其中四位形象较为一致，卒吏模样，均头戴红色毡笠，或吹唢呐，或双手击鼓（图1-11-9）。紧随这四人的是一驾蓝色龙车（图1-11-10），拉车神龙双目圆睁，龙嘴大张，驾车者是一位力士，裸上身，头上有角，红发，右手持一个狼牙棒，左手持缰绳，肌肉健硕。龙和力士身后拉一辆两轮车，画面虽有破损，但依稀可见车内波浪荡漾，水波中竖立一个蓝色瓶状物，瓶口涌出泉水。第三层共绘有八人，分两组，排在前面的一组四人，其中一人为妇人打扮，双手执圆形物，两个圆形物由蜿蜒曲折的红线连接，应是传说中的电母，或叫闪电娘娘（图1-11-11）。一人面部画面被毁，身穿红衣，由于被云气遮挡，双手执物看不清。另两人画面受损，一人身穿蓝衣，头戴软巾，蓄须留髯，手持之物不详；一人形象全不清，身后有圆轮状和红底白点的翅状物，左手执楔。从图像志的角度可以确认这四人应是雷公、电母、风伯、雨师。另四位并排，在雷公、电母、风伯、雨师左边，最前面一位面色白净，凝视前方，头戴乌纱帽，蓄须留髯，穿红衣，抱一只似丹顶鹤的动物。身旁第二位面色赭石，束发冠，双目圆瞪，穿石青色衣，右手持剑高举头上，左臂前伸呈欲指状。第三位面部不清，从颈处看肤色较黑，穿红衣，手持群青色棒槌瓶，瓶口有伞状盖。第四位面部不清，头戴软巾，留髯，穿石青色外衣，右手持矩，左臂伸直指向前方。第四层共有七位人物，由三部分组成：第一部分两人，一人面部较黑，头上有两角，发向上，左手举一扁担状物扛于左肩，扁担一头担有物体，由于破损，面部、身体和所担之物看不清。另一人面部受损，身穿深蓝色外衣，左肩上扛一开道匾。第二部分由三位骑马的礼官组成（图1-11-12），三人头戴幞头，面色白净，凝视前方，双手持仪仗兵器，三匹马颜色各异，但均鬃毛竖起，姿态和步伐一致，抬左前腿呈奔走状。第三部分由两人组成，一人骑马在前，武将打扮，头戴红缨盔，呈张弓搭箭状，腰挎箭囊。身后紧随一人，披发，肤色较黑，裸上身，面部不清，右手持狼牙棒高举头上。以上四层均在空中，被云气所包围。第五层是画面的最底层，反映地上景物，破损较严重，只能见一人追一头上有角似鹿的动物，动物前腿触地，抬后腿欲蹬追赶之人。

北壁壁画（图1-11-13）与南壁相对，也分为五层，由上至下第一层依然是五位头戴梁冠，身后有伞盖的主要神祇。第一位头部和第五位全身破损较为严重，其他还能看清。他们的面部安宁，双手持笏板，骑马，且马的两耳之间均有一白色棍状物，马的颜色略有不同。第二层有七个人物和一辆龙车，最前面四位同南壁一样是卒吏模样，均头戴红色毡笠，手拿不同乐器，或吹唢呐，或双手击鼓。紧随这四人的是一驾蓝色龙车，拉车神龙双目圆睁，龙嘴大张，执龙缰绳的是一位力士，裸上身，头上有角，肌肉健硕，转身面向龙车方向。龙和力士身后拉一辆两轮车，车上有二童子，其中一位因墙面破损看不清，二童子一起扳倒蓝色瓶子，向车后倒水。第三层由七位人物组成，走在最前面的一位面部破损不清，左肩扛一旗子，旗杆部位悬挂红色锣，右手持锤，呈边走边敲击状。身后紧随着雷公和雨师，雷公面部损坏，其他如鼓、锤和翅膀等特征都还可见。雨师着蓝衣，蓄须留髯，面部平静，右手持杯状容器。另四位并排，最前面一位转头向后方，头戴乌纱帽，蓄须留髯，穿红衣，抱一只似丹顶鹤的动物；身旁第二位面色赭石，束发冠，双目圆瞪，穿石青色衣，右手持剑竖于胸前；第三位破损较严重，基本看不清；第四位面部不清，头戴高帽，穿石青色外衣，双手持矩。第四层由八位人物组成，最前面一位人物，小吏打扮，面部白净，头戴红色毡笠，着蓝色外衣，双手抱木牌扛于左肩，木牌上绘有虎头纹饰，该吏高抬左脚呈跨步向前状；紧随的三位为一组，均骑高头大马，头戴幞头，面色白净，低眉垂目，左手扶仪仗兵器扛于左肩，三匹马颜色各异，姿态和步伐也不一致。排在最后的一组由四个人物组成，骑斑点马的将军转身向后方，左肩挎背一弓，面部受损不清，左手握持短棍状物体，右手推指向后方；后方一位鬼吏怒视身旁两个戴枷锁的人，鬼吏肌肉健硕，左手持狼牙棒高举半空中，右手抓着绳索，绳索的另一端拴在枷锁之上，被枷锁锁住的两位面部损坏不清，隐约见一只四趾足，应是传说中的旱魃。以上四层均在蓝色的云层之中，第五层是画面的最底层，反映陆地上的情景，最前面是两堵墙组成的一个门状建筑，门外放置一个白色高足供台，台头刻有仰莲纹装饰雕刻。之后约有七位人物，走在最前面的一位头戴花翎似的帽子，似清朝官员打扮，左手持一物于面前。其后几位手里均拿物品，倒数第二位肩挑担子，担子中装有数量众多的圆形物。

图1-11-1 龙王庙石窟

图1-11-2 东壁壁画

图1-11-3 东壁壁画（局部）

图1-11-4 东壁壁画（局部）

图1-11-5 东壁壁画（局部）

图1-11-6 东壁壁画（局部）

图1-11-7 南壁壁画

图1-11-8　南壁壁画（局部）

图1-11-9　南壁壁画（局部）

图1-11-10　南壁壁画（局部）

图1-11-11 南壁壁画（局部）

图1-11-12 南壁壁画（局部）

图1-11-13　北壁壁画

神木市二郎山庙壁画

二郎山，位于神木市城西窟野河与兔沟河的交汇处，俗称西山，又因其形似驼峰，也名驼峰山。明正德十三年（1518），武宗皇帝巡行至此，观其状似笔架，赐名笔架山。据传明正统年间，人们为借助二郎神的威名来治理窟野河的水患，便在此山修建了二郎庙，二郎山由此得名。二郎山庙呈南北走向，整个建筑分布在前后相距约1千米的山脊上，山势陡峭，主体建筑依次有地藏洞、八仙洞、古佛洞、浩然亭、二郎庙、龙母庙、诸神殿、仙家庙、三教殿、倒座观音殿、祖师庙、西岳庙、娘娘庙、山神庙等（图1-12-1）。

一、地藏洞

地藏洞为平顶方形石窟，坐北向南，面阔2.3米，进深7.8米，高3.45米。窟顶藻井浅浮雕龙凤花卉八卦纹，据记载此窟始凿于明正统年间。石窟北壁供地藏菩萨塑像及胁侍菩萨，东西壁新绘十王图，壁画前各有两排塑像。

入门墙壁（南壁）两侧上方有壁画遗存，南壁西侧（入门左）现有两排共六幅图（图1-12-2），画外宽黑边为现代所增。画外有榜题，可辨识者有“囗州蒙判官管天下贪淫酒色图”等，有的还留有管龛人的姓名。南壁东侧（入门右）也有六幅图（图1-12-3），情况和西侧的相似，但色彩更淡。在南壁东西侧之间的门上方也有横列壁画两幅，色彩已经褪尽，只留人物的影子，内容也是描绘判官执法的场景。南壁东西两侧画面内容应该是十王图，延续了宋以来的十王图传统。这些壁画的人物造型、绘制方式以及色彩风格等皆与山西新绛稷益庙壁画①相似，从这些情况来看，地藏洞所遗留下来的壁画或为明代所绘，但具体绘于何时，还需进一步研究。

二、八仙洞

八仙洞位于地藏洞上方半山腰处，建于民国时期，坐北向南，通面阔三间共8.9米，通进深4米。入门左右有屏壁，上绘护法神将，左为赵公明像，背后书有《拍手歌》(图1-12-4)，内容如下：“钱财聚复散，衣冠终久坏。怎如我二人，值（置）身于世外。不欠国家粮，不少儿女债。不说好和歹，不言兴和败。不与世俗交，免得惹人怪。一件破衲袄，年年身上载。烂了又重补，洗净太阳晒。白日遮身体，晚来当铺盖。不怕贼来偷，也无小人爱。常存凌云志，一心游上界。若人知我意，必要低头拜。我有无穷理，使他千年在。惜乎人不识，以恩反为害。散人录拍手歌。”这则《拍手歌》录自清朝黄永亮编定的《七真传》。右屏壁为王灵官像(图1-12-5)，背后亦有书法题记，如下：“天也空地也空，人生渺渺在其中。日也空月也空，东升西坠为谁功。田也空地也空，换了多少主人翁。金也空银也空，死后何曾在手中。妻也空子也空，黄泉路上不相逢。朝走西暮行东，人生犹如采花蜂。采得百花成蜜后，辛苦到头一场空。嗟叹凡夫不悟空，迷花恋酒逞英雄。春宵漏水欢娱促，岁月长时死限攻。弄巧常如猫捕鼠，光阴却似箭离弓。不知使得精神尽，愿把此身葬土中。于今撒手无沾滞，直上瑶池白玉阶。塞上云游道人醉题。”该诗来自《济公全传》和《七真传》。

八仙洞的北壁设供台，设立八仙像。东西壁还留存有壁画，都为八仙题材。东壁画的是八仙作法的场景，蓝采和、何仙姑、曹国舅、张果老、吕洞宾、汉钟离、韩湘子七仙和他们的侍从们围成一个圈，中间是铁拐李及其侍童，他们立于惊涛骇浪之上，

①山西新绛稷益庙壁画完成于明正德二年(1507)。

各施法术。西壁画的是八仙休闲娱乐的画面（图1-12-6），构图与东壁的不同，整体呈“C”形，画面开始于右（北）端，铁拐李正准备接过侍童跪呈过来的灵芝，他的前面何仙姑和她的侍童在树下小憩。树后蓝采和正在令侍童背运采摘下来的鲜花。再往上是曹国舅左手拿竹板，右手执鼓槌正自娱自乐，身后有侍童端水壶侍立。曹国舅的上面是张果老正演练法术，身旁卧着他的驴，身后的侍童蹲坐着已经睡熟。张果老的前面是吹箫的韩湘子，身后有提着水罐的侍童。画面结束的地方在最上面中央，吕洞宾和汉钟离正在山洞门前交谈，吕洞宾的身后是背剑的青鬼，汉钟离的侍童挑着水正从路的远处赶来。人物形象有机地组合在山峦、坡岸、白云、树木之中，营造出一种充满生活气息的氛围。

八仙洞壁画与佳县白云观头天门壁画有相似之处，如点景的绘制方式、王灵官和赵公明的造型等。据民国二十九年（1940）碑文可知八仙洞壁画的制作者是汪培堃和汪培蔚，他们应该与白云观壁画的主要制作人叶孙长有艺术渊源。

三、古佛洞

古佛洞为平顶方形石窟，始建于清代。东西壁以及南壁的东西两侧存有壁画，东西壁分格排列，各两排共12幅，南壁东西侧各两排四幅，破损情况不一，画面外有榜题，东壁可见“仙人献菜”“姨母养育”“坐菩提座”“梵王寄寺”“习学书数”“园林嬉戏”等，西壁可见“路遇老人”“路遇沙门”“初启出家”等，除榜题外，在壁画上还有管龛人姓名及年代，所示时间从民国十七年（1928）至民国三十六年（1947）不等，如：“民国十七年重修古佛洞于六月又建筑山边善士马德元马发昌仝志”“民国二十一年阴五月十六日阁会敬立碑志”“民国廿一年九月中建修神龛一佛经理董元敬志”。有的甚至还留有当时古佛洞的借贷信息，如：“民国三十二年八月古佛洞出请佛爷票洋三百元功德无量”“民国三十二年九月王遇春请佛爷五十尊供出票洋三百元功德无量”“民国三十二年七月张万钟出请佛爷票洋五十元功德无量”“民国三十二年七月王同政出请佛爷票洋五十元王期昌出票洋五十元功德无量”“民国卅六年正月孙荣岔韩德保借古佛洞马先生银洋十五元吕年借票洋六百一十五元美年送油廿五今（斤）小秤”等。

四、二郎庙

二郎庙始建于明正统八年（1443），为四合院式建筑，坐北朝南，由正殿、耳房、东西庑殿、大门、钟鼓楼等组成。正殿为硬山顶建筑，正面中间塑有二郎神像，左侧为赵公明像，右侧为关羽像，像后有14幅山水条屏，赵公明像左和关羽像右的墙壁上各绘水墨龙、虎图。东壁绘制的内容应该是出自《封神榜》中的《公明辅佐闻太师》章节，同样题材的内容也出现在佳县白云观头天门右厢中。西壁绘制的是关公故事图（图1-12-7），绘制的方式和东壁相似，也是将不同时空中发生的故事安排在同一个画面，并以树木、云气、山川、建筑等隔开，每一个故事既具有独立性，又具有整体性。从绘画的风格以及画面中人物的服饰来看，二郎庙正殿壁画的绘制年代应该是清末民初。

五、龙母庙

龙母庙又名圣母殿、水母宫，始建于清代，坐北朝南，硬山式砖木结构。供台龙女像后的北壁绘高座屏，上装饰有精致的缠枝花卉纹以及淡彩山水画，座两侧有执扇者各一。侍者身后各有案台，案后各立三人，为首者为明代官员装扮，手托盘盏，面对龙女而相对立，身后各有二妇人，都在忙于厨事，案台上放有胡萝卜、茄子等蔬菜和蒸笼等器物。东西壁为出队入队形式，东壁为出队，描绘的是五龙王乘龙率众外出巡视的场面；西壁是入队（图1-12-8），描绘的是五龙王乘马巡视归来的场面。两壁出入队行列都笼罩在浓云之中，从画风判断，龙母庙的壁画应绘制于清末民初。

六、诸神殿

诸神殿位于龙母殿后，为明代建筑，殿梁上现存题记云：“大明嘉靖二十四年岁次乙巳五月十七日。”现存有正殿、东西厅房，正殿内现有如来佛以及观音、文殊、普贤、地藏等菩萨像，壁画为新绘。

东西厅房内有壁画遗存。东厅房东壁中央安放了一个大供台，将中间图像遮挡住了，但在左下角和右下角还存有人像。壁左（北侧）下角绘有僧人像（图1-12-9），双手执锡杖，头微低，头后有圆光，半侧而立。壁右（南侧）下角绘有供养人像（图1-12-10），双手合十，向其左而立，头后亦有圆光，身后有题记：“塑妆金像，弟子刘雄烈、范纯仁、单循，公助钱贰仟肆佰文。”南北壁绘有壁画，北壁绘一组群像，中央主尊（图1-12-11）坐于高背椅上，冠额处破损，长髯，双手手指呈兰花指，拈住笏板置于胸前。身左一人为坐像，左手执笏，右手扶膝。身右一人亦为坐像，面残，左手置于左腿上，右手执笏放于右腿上。主尊身后两侧各立一人，皆持笏而立，立像后面还有侍从，左侧有两人，似在窃窃私语，右侧只有一人，未上色。南壁画面不甚清楚，结构与北壁相当，前三人为坐像，后面有持笏而立的神像（图1-12-12）。

西厅房西壁中间置一供台，中央被供台遮挡住，只见一些云气纹，还有右（南）下角的题记。北壁内容为八罗汉，画面右侧（东）一红衣罗汉左手拄杖，右手抚虎头，徐徐前行。他的前方有一罗汉，为坐像，右手执小沙弥的手，左手置于沙弥的肩膀之上。其旁有两罗汉，皆坐于椅子上，一人背对伏虎罗汉，头侧向小沙弥；另一罗汉双手抱于单膝上，眼望远方。再往前有两罗汉在对弈，其旁有一着蓝袈裟的罗汉观战（图1-12-13），左手执杖，右手做指点状。身旁有一绿衣罗汉，头披风帽，手捧书卷，头微仰。对弈者前方有一沙弥左手托茶盏，右手提壶，正从门外走来。南壁绘制的内容也是八罗汉，在画面右侧（西）有一罗汉仰头观看在云端腾跃的飞龙，在他的左侧有三罗汉（图1-12-14）围坐在一起正观看这一情景。其中一人坐于蒲团上，左手撑地，右手执念珠；一人坐于草垫上，左手挠后背，右手下垂至草垫上；另有一人坐于石头上，袒露右胸，着蓝色袈裟。有一小沙弥正准备离开。他们的后面有一红衣罗汉坐于椅子之上，面向画外，仿佛置身于世外。他的身后有一书案，上有书籍、熏炉、烛台、如意和佛手瓜，案旁一罗汉左手捧书（图1-12-15），右手做指点状；另一罗汉与之相对，手捧小狮子，身微倾，似在言语；还有一罗汉在案角旁，身微曲，手捧书籍，正准备阅览。他们的身后有一沙弥，手捧盒子，从门外探出半个身子来。西厅房的十六罗汉图背景为中国传统绘画技法中的青绿山水，人物的神情姿态刻画深入到位，人物造型不完全是五代以来的西域样式，铁线描技术纯熟，整体充满文人化和生活化的情趣，是二郎山现存壁画中水平较高的两组壁画。从风格判断，诸神殿东西厅的壁画应该是清代的作品。

七、三教殿

三教殿，始建于明嘉靖年间（1522—1566），清道光年间（1821—1850）改为护国寺，民国二十三年（1934）重修为三教殿，位于二郎山山脊中段，也是二郎山上最大的庙宇群。正殿三间，为砖砌拱券式结构，殿的东西两壁绘有壁画。东壁绘九龙山全景图①（图1-12-16），西壁绘二郎山全景图（图1-12-17）。两壁上方都有题记，东壁为："民国叁拾年清和月谷旦。开化集。人有英发之品，必须具包容之量，纵然世道不古，人情多诈，而立意立心，全在自主，何必随风如柳花，任舞东西，将一身美质弃于粪土之中，把一颗明珠抛于污泥之内，岂不惜哉？凡人生好气质，钟天地之灵秀，谈何容易？不知自爱，昏若醉乡之间，神气全昧，及至自醒，青年已换白头，日月逝矣，岁不我与，可不畏哉？绍哲人多才多德庭明训能孝能忠为人物论居何地，必以心田为主，倘如以为吾落贪污之内，就将一片心机弄得黑暗，毫无光彩，昏沉幽冥，人嫌神弃纵然就落得腰缠十万贯，骑鹤下扬州也，是免不得一死，将自己算计，夺尽福禄，销完子孙食禄，折断先人禋祀乏绝，何若积几分阴德，留一点阴功，子种孙耕，岂不美哉？尔有小明，吾为言之，当必获心是冀：寿比南山青不老，嵩为中岳气长新。陈璞题经理弟子仝叩。"西壁为："开化集。日月之华，天地之理，心之精神，性之元气，道之体用，德之生机，化导三千，开蒙万亿，理出自然，情归不已，若能听天命，顺世理，讲什么祸福，说什么凶吉。胸空四相之外，心超三界之理，浩浩无垠，荡荡何极，静则自若，动则无羁，是孰能晓此义，明此理，将一点心机化尽了气习，撇脱私欲逍遥自在，无忧无虑，欢天喜地，半点烟火全去。霞蒸赤水鱼赪尾，谷透苍天虎斑头。佛家道理并无二说，只讲究心田一点天良，胸中万理能容，凡处家处世，比我强者尊者，我亦无所敬畏，较我弱者卑者，我亦无所傲慢，诸事推己以及人，存心忠厚，以和平顺时，听天修身，竣命读书，固明理。不读书也，可违道。自古及今，为善人□□□□问愚民□矣，而况读书。虽曰未学，亦有识字之机，岂可弃也哉？丹青汪培蔚笔。"

由题记可知，三教殿两幅壁画绘制完成于1941年，其中提及的绘制者汪培蔚也同样是参与绘制八仙洞壁画的画匠之一，前文提及其与叶孙长一派有渊源。三教殿这两幅壁画很真实地再现了黄土高原上气势磅礴、视野辽远的宏大景致，由此可见这一派在造景方面的写实能力是高超的。

八、西岳庙

西岳庙为拱券式结构建筑，内奉的西岳大帝像后绘四幅山水条屏，左右也绘有壁画，为出队、入队形式。东壁为出队，描绘的是西岳大帝外出巡视的内容，西岳大帝坐于辇车之内，四个护将分别在他的前后左右，整个画面处在浓云之中。西壁为入队（图1-12-18），与东壁西岳大帝正面像不同的是，西壁为侧面像，其余则与东壁相似。从画风来看，西岳庙壁画应该绘制于清末民初。

九、娘娘庙

娘娘庙本名为碧霞宫，始建于明正统年间，清雍正四年（1726）、乾隆二十七年（1762）、乾隆三十八年（1773）均有维修，现在殿梁上还留有乾隆三十八年的题记。前院设有僧房，中院为圣母殿。娘娘庙东西壁留存有壁画，为出队、入队形式。东壁（图1-12-19）为出队，描绘圣母娘娘外出巡视的内容，圣母坐于辇车之上，为正面像，前有青龙拉车，左有两个骑马持笏的仙人陪护，右侧有一力士转动车轮，护卫萦绕，吹乐开道，一派热闹的景象。西壁（图1-12-20）为入队，描绘圣母班师回朝的场面。从画风判断，娘娘庙壁画绘制于清末民初。

①九龙山位于神木城东，与二郎山相对，也叫东山。山顶有祖师庙、极乐寺、鲁班庙等庙宇群。

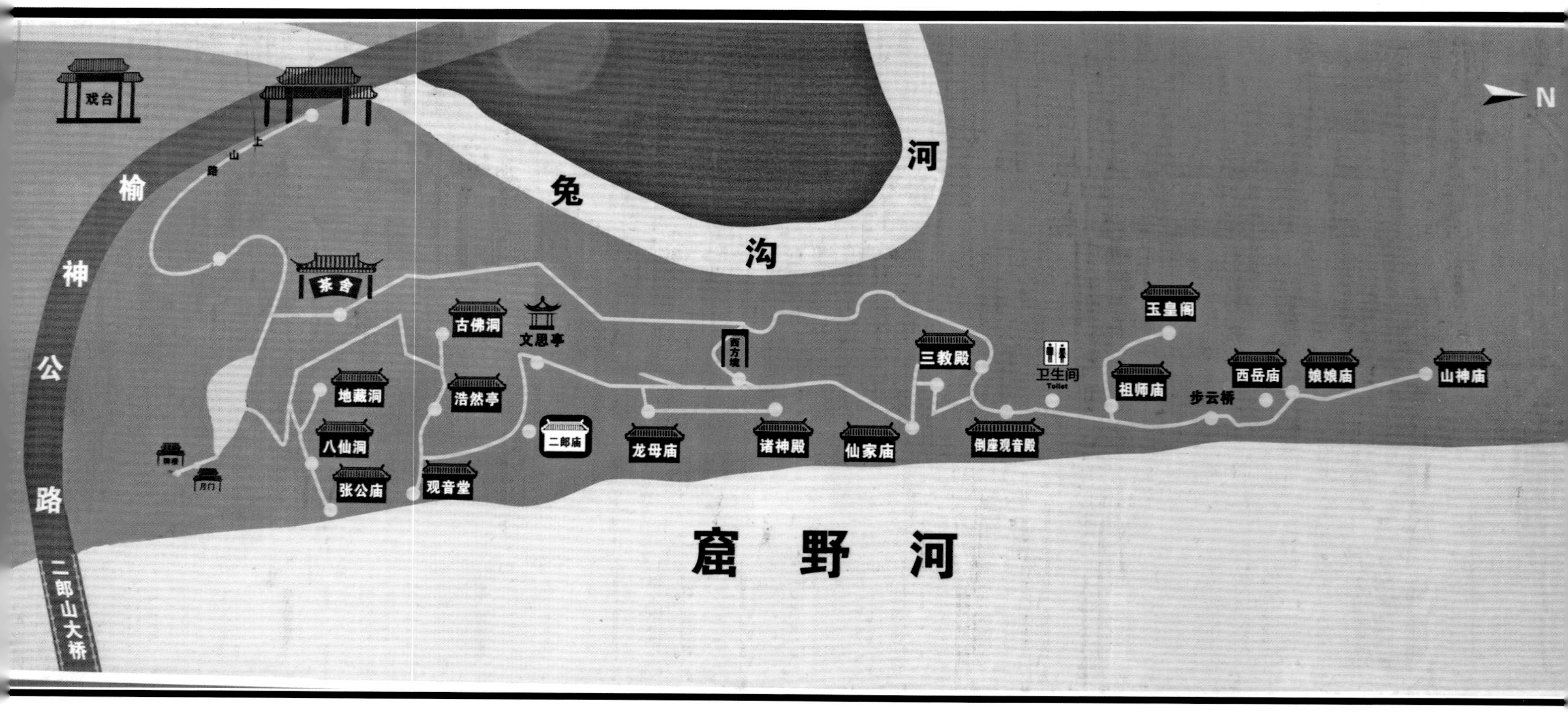

图1-12-1　二郎山建筑群分布图

图1-12-2　地藏洞南壁西侧壁画（局部）

图1-12-3　地藏洞南壁东侧壁画

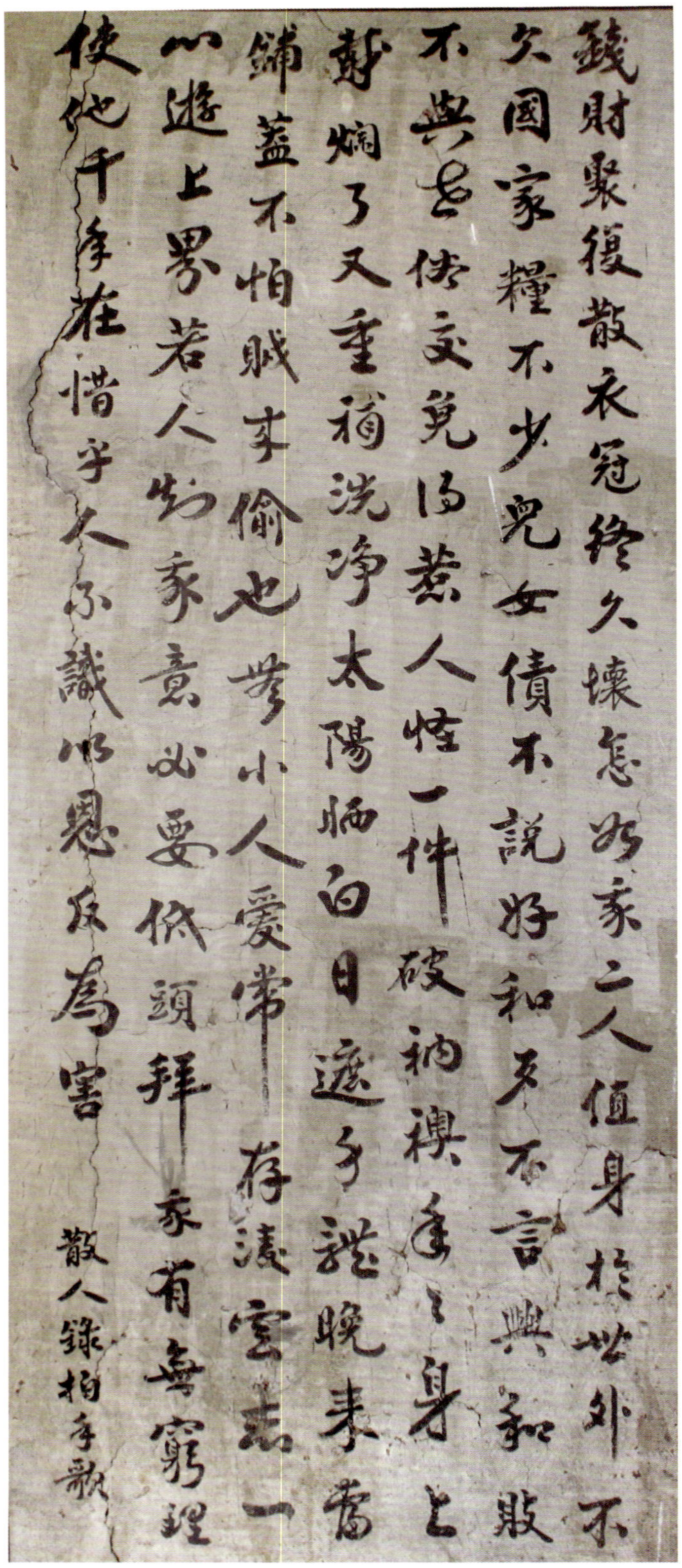

图1-12-4　八仙洞左屏壁题记

图1-12-5　八仙洞右屏壁画

图1-12-6　八仙洞西壁壁画

图1-12-7　二郎庙正殿西壁壁画（局部）

图1-12-8　龙母庙西壁壁画（局部）

图1-12-9　诸神殿东厅房东壁壁画（局部）

图1-12-10　诸神殿东厅房东壁壁画（局部）

图1-12-11　诸神殿东厅房北壁壁画（局部）

图1-12-12 诸神殿东厅房南壁壁画（局部）

图1-12-13 诸神殿西厅房北壁壁画（局部）

图1-12-14
诸神殿西厅房南壁壁画（局部）

图1-12-15
诸神殿西厅房南壁壁画（局部）

图1-12-16 三教殿正殿东壁壁画

图1-12-17　三教殿正殿西壁壁画

图1-12-18　西岳庙西壁壁画（局部）

图1-12-19　娘娘庙东壁壁画（局部）

图1-12-20　娘娘庙西壁壁画（局部）

榆林市金刚寺壁画

金刚寺位于榆林城东1.5千米处的榆阳河畔的金刚山顶。寺庙坐南向北，其建造于何时已不可考，但寺内还留有明万历四十八年（1620）铸造的大铁钟。

主殿为三教殿，上下两层，第一层中间供奉释迦牟尼像、老子像、孔子像，像后的拱券洞内塑文殊、观音、地藏和普贤四大菩萨像，殿内左右分列十八罗汉塑像。三教殿上层为砖木结构的楼阁，供台上新塑三身佛，台下左右两侧为将军立像。寺内仅有的壁画遗存位于将军塑像的后壁上，现仅残留两小块，绘制的是两尊将军像。仔细识别，发现雕像是依据壁画人物形象塑成。东西两壁人物均为站姿，从着装和配备兵器可见衣带飘举，应是宗教护法神将。结合两位将军的武器和表情初步推断应是哼哈二将。

西壁绘的人物（图1-13-1、图1-13-2），甲胄披身，红脸蓄须，双手握金刚杵立于地，此将应为“哼将”。东壁绘的人物（图1-13-3），红脸无须，张开大嘴，左手执长戈，右手握如意，此将应为“哈将”。

金刚杵是古代印度的武器，由于质地坚固，能击破各种物质，故称为金刚杵。所以，警卫佛的夜叉神，又叫“执金刚”。传说，佛(释迦)常有手执金刚的五百个随从侍卫。其中最重要者叫金刚密迹，是五百名侍卫的队长。金刚密迹原为法意太子，他曾发誓说，皈依佛教后，要常亲近佛，为金刚力士，普闻一切诸佛秘要密迹之事。这也是其名讳“密迹”的来历。于是，这位卫队长即担当起把守寺院第一道大门的重任。不过，最初的金刚力士只有他一位，这很不合中国传统的“对称”“成双”的习惯。于是，又增加了一位，一左一右对称地守护。不过民间并不了解这些，倒是习惯称这二位叫作“哼哈二将”。这种叫法来源于明代著名神魔小说《封神演义》。二将或为力士形象，或为将军形象，躯体雄伟，头戴宝冠，手持金刚杵，一鼓鼻，一张嘴，凶猛可畏。有些地方，还将哼哈二将作为门神，过年时贴在大门之上。其实，佛教经典中是没有“哼哈二将”这种名称的。

此壁画曾经被泥皮覆盖，导致许多部分损毁，现在虽去掉外层泥皮，但仍然较难辨析，只能粗观。画像以莼菜条式的线描绘而成，线条磊落，刚硬中不失变化。该壁画应该为明代晚期绘制。

图1-13-1 三教殿西壁壁画（局部）

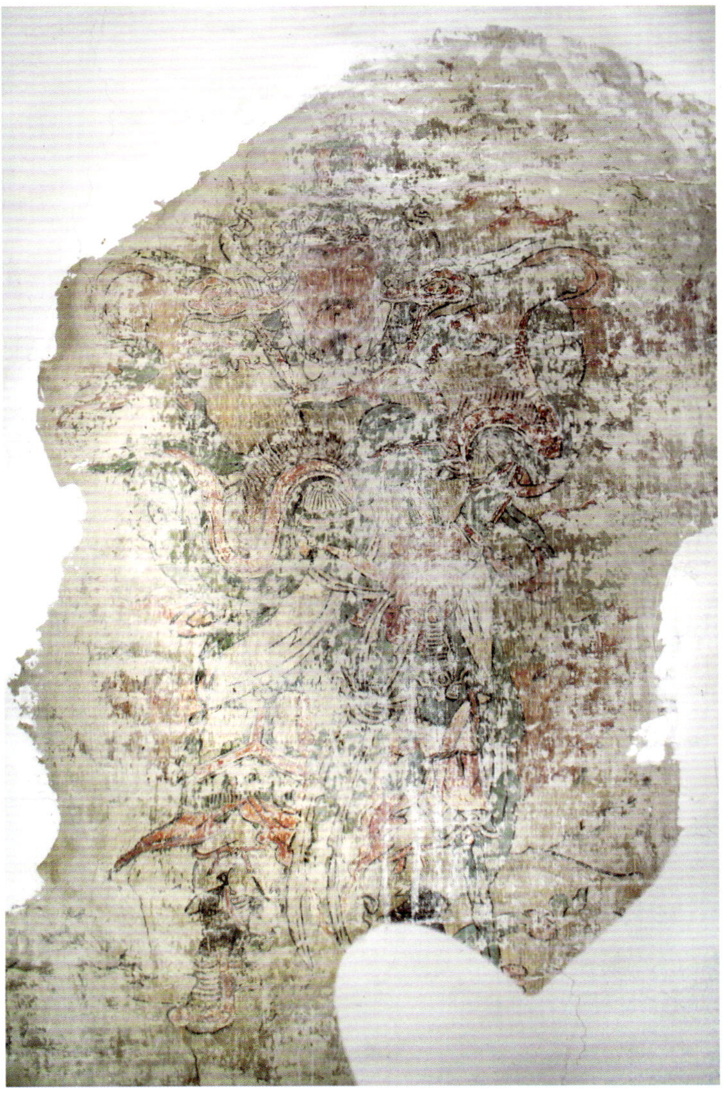

图1-13-2 三教殿西壁壁画

图1-13-3 三教殿东壁壁画

榆林市悬空寺壁画

悬空寺（图1-14-1），位于榆林市城南约55千米处，在镇川镇石崖底村西的西夏罗兀城遗址的山崖上。由于石窟内绘有众多佛像壁画，当地人称其为万佛崖。石窟原系西夏罗兀城前哨关隘，当年西夏和北宋均曾在此屯兵设防，后人相继在此开凿石窟造像。至今，尚存石窟庙宇11处，有万佛洞、三霄殿、圣母行宫、观音殿、真武祖师殿等。其中，万佛洞（图1-14-2）规模最大。洞窟中凿有长方形撑顶石柱，柱面彩绘朝谒观音菩萨图、三教融合题材、三官图、创建寺观之高僧、供养人画像（图1-14-3）等。石窟四壁彩绘有神态各异的佛像约万尊（图1-14-4）。

三教融合题材壁画（图1-14-5）见于该石窟中一个长方形撑顶石柱上面向窟门的一面，该墙面由上下两幅壁画组成，下面一幅描绘一位坐着的高僧（图1-14-6），上面的一幅壁画内容就是三教融合题材。画面中上方有一坐佛，有头光，舒眉柳眼，直鼻梁，裸上身，披袈裟。左手托一圆钵于腹前，右手拇指和中指捏一圆珠于圆钵上方，半跏趺坐（右脚搭在左股上），主佛左右站立着双手合十的阿难和迦叶。在佛的左手位是老子的盘腿坐像，有头光，头戴莲花冠，蓄长络腮白胡须，穿对襟道服，左手持一如意靠于左肩上，右手放于右腿上。在佛的右手位是孔子的盘腿坐像，有头光，戴书生巾，圆瞪双目，蓄长络腮灰白胡须，双手合抱一书卷于胸前，卷上书“经书”二字。佛、道、儒三位主尊坐于莲花座上，身后云气围绕，莲花座又位于束腰高台之上。佛座高台是多边形的，道、儒座高台是四边形的。在佛、道、儒三位主尊中间放一个四足架，架上摆一个香炉。在画面的下方有四人和一兽，位于中间位置的一兽外形是龙首鳞身两趾蹄，身上有火焰纹围绕，应是传说中的麒麟。在麒麟的身前身后各站一人，均穿白衣，眉清目秀，头上戴有宝珠纹箍。身前之人双手捧一瓶，瓶内有插花，身后之人双手捧一盘红色珊瑚。在老子的身前站立一位道士打扮的人，有头光，戴莲花冠，舒眉朗目，蓄须，双手于胸前持笏板。在孔子座前站立一人，有头光，戴书生巾，面目清秀，右衽，双手持笏板于胸前。

朝谒观音菩萨图（图1-14-7），在画面中间绘有观音菩萨像，呈自在坐姿，右臂枕在一摞经书之上，左手搭在左膝之上，右边放有一个棒槌净瓶，身后呈放射状身光。在观音菩萨的上方绘有众佛，排列整齐。两侧分别绘有护法神将和十八罗汉，特征较为明显的是降龙罗汉和伏虎罗汉（图1-14-8）。在两队罗汉之前，还分别绘有金童与玉女（图1-14-9），均手捧礼物盘站于岩石上。在观音菩萨正下方绘有水波，水上有一艘大船，船上有四人，三人在撑桨，一位妇人坐在船中央，回首望着岸边送行的人群，船篷之上题写“慈航普度”四字（图1-14-10）。在画面的下方角落有韦陀和关羽像，周仓手扶偃月刀站在关羽身后。

三官图（图1-14-11），呈“品”字形构图，天官居中坐于高台之上，两侧前方分别为穿白色衣服的地官和穿黑色衣服的水官。地官和水官的身旁各站立一位文官，均手持经卷。画面中心有一个三层香炉，有两位童子站在香炉两侧。其中一位白衣童子，左手持钵，右手用筷子夹物向炉中放，另一位青衣童子双手捧一盘假山。

图1-14-1 悬空寺

图1-14-2 万佛洞

图1-14-3　万佛洞壁画（局部）

图1-14-4　万佛洞壁画（局部）

图1-14-5　万佛洞壁画（局部）

图1-14-6　万佛洞壁画（局部）

图1-14-7　万佛洞壁画（局部）

榆林市香严寺壁画

香严寺位于榆林市东南部15千米处的刘千河街道屈渠村，占地600多平方米。始建于明成化九年（1473），清代屡有修缮，清道光二十一年（1841）的《榆林府志》和1992年的《榆林市志》均有记载。1985年被列为榆林市第二批文物保护单位。

香严寺是四合院式建筑，其主殿、韦陀小殿、穿心殿山门与山门前照壁同处一条中轴线上，整个寺庙建筑以中轴线左右对称，两边配以偏殿。主殿（图1-15-1）高大，殿外有一高台，约一米高，中间是一个斜坡道，两侧分别有六级台阶。大殿呈五间三开门，内部是陕北地区庙宇最常见的枕头窑设计，殿内宽9.5米，进深约5米，窑高约5米，殿内总面积约47平方米。北壁被挖出三个2米高、1.5米深的洞龛，外接木质隐神阁带有彩绘。殿内东壁前立两通石碑分别为“皇帝万岁碑”和“流芳百世碑”，西壁靠近台阶立“太子千秋碑”一通。根据寺内碑文和壁画风格来看应是清同治四年（1865）所绘。

西壁壁画面积约26平方米，每壁从上到下共分七层，每层高0.47米，总高3.29米。东壁宽4.57米，壁画底边离地0.66米。西壁宽4.42米，壁画底边离地0.83米。壁画外框均画蔓草花纹边。整体来看，东壁壁画（图1-15-2）整体保存基本完好，西壁壁画（图1-15-3）第二层中间及第三层中间上沿被漏下的雨水冲坏一块，有七八组图像毁坏剥落。“文化大革命”期间，村民曾用黄泥将壁画覆盖，壁画得以保存下来，20世纪80年代初用清水将覆盖壁画的黄泥洗掉，所以现今的壁画画面还留下许多黄泥痕迹，但画的色彩及图像破坏不大，依然可以体会出当初壁画的神韵。

两壁壁画共由120组连环图式构成，左右对等，每组又由数量不等的神祇组成，并且有题记表明该组神祇身份。神祇均以墨笔勾线填色，红、绿色为主要色彩，中间点缀白色和蓝色，身后有祥云围绕。东壁最上面一层图像内容是佛教中诸天仙和四大天王；第二、三、四层为道教神祇九曜诸星君、十二属相（图1-15-4）、普天列曜一切星君圣众（图1-15-5）、天地水府三官大帝神众、天蓬天猷朱雀玄武等众（图1-15-6）、天干地支、二十八星宿；第五层是在大威德菩萨圣像引导下的佛教诸神、阿修罗等众、大罗刹等众、罗刹女等众、旷野大将等众、朕（般）支迦大将、二矩田畔拿等众（图1-15-7）、阿（诃）利帝母等众（图1-15-8）；第六、七层是在大圣引路王菩萨图像引导下的往古人伦等众（图1-15-9、图1-15-10），属民间信仰内容。西壁第一、二层图像有水府神祇、诸大龙王、五岳帝君；第三、四、五层图像有城隍社庙土地、吊客丧门大耗小耗、大将军黄幡白虎、太岁太煞太阴太阳神众、十殿阎君（图1-15-11、图1-15-12）等地府（图1-15-13）、地狱（图1-15-14）诸神及民间信仰的神祇；第六、七层为在启教大士面然鬼王引导下的孤魂冤鬼等众。

图1-15-1　主殿

图1-15-2　主殿东壁壁画

图1-15-3 主殿西壁壁画

图1-15-4 主殿东壁壁画（局部）

图1-15-5　主殿东壁壁画（局部）

图1-15-6　主殿东壁壁画（局部）

图1-15-7　主殿东壁壁画（局部）

图1-15-8　主殿东壁壁画（局部）

图1-15-9　主殿东壁壁画（局部）

图1-15-10　主殿东壁壁画（局部）

图1-15-11　主殿西壁壁画（局部）

图1-15-12　主殿西壁壁画（局部）

图1-15-13　主殿西壁壁画（局部）

图1-15-14　主殿西壁壁画（局部）

榆林市释迦如来庙壁画

释迦如来庙（图1-16-1），位于榆林市榆阳区麻黄梁镇西长墕村的一个山梁上，占地约100平方米。庙为歇山顶式砖瓦建筑，仅有一间主殿和一座韦陀神龛。韦陀神龛后有一座照壁，均以砖瓦作檐子和歇山顶。庙宇正门前与韦陀神龛之间有一石香炉。庙内碑文记载，西长墕释迦如来庙始建于清雍正十年（1732），共维修四次，碑文可见的记载有宣统四年（注："宣统"这一年号仅有三年，宣统四年当为1912年）和1989年两次。

主殿面阔、进深各三间，廊檐下入口处有两个明柱，廊檐高2.87米，进深1.2米，平面基本呈正方形，殿内东西宽4.7米，南北长4.3米。南面为三开间花格木门，北壁是新绘壁画，东西二壁保留原有壁画，内容集儒、释、道三教和社会生活于一体，画面中仙佛鬼神各种人物众多，共有13.6平方米，均分为六层，每层有十组图像，每组都有榜题，外围绘有蔓草花纹饰边框，下边框沿离地有0.75米。墙体使用青砖垒砌，殿内墙面抹压麦秆和泥打底，在上面处理底色然后作画。由于常年风吹日晒，部分壁画受到损毁，东壁（图1-16-2）尤其严重，大部分壁画颜色褪掉，只可见每龛人物的轮廓，有十多处榜题不能辨识。西壁壁画（图1-16-3）保存基本完好，色彩鲜艳，榜题大多可以辨识。东西两壁大梁以上的三角墙各分为三块，绘有两幅水墨风景画。

每壁有60组神祇，两壁共有120组，每组由数量不等的神祇组成，并且有题记表明该组神祇身份。神祇的头像全部朝向北，壁画是"礼佛式"构图，以佛的塑像为众神关注的焦点。结合现存碑文记载和画面艺术风格上看，该殿壁画应是清代晚期作品。

东壁所绘内容有无色界四禅天圣像、四大天王、北极紫微大帝圣像、太乙诸神五方五帝、日光天子、月光天子、九曜真君、二十八星宿（图1-16-4）、北斗星君等众、普天列曜一切星君、天地水三官大帝、四值侍者、大威德菩萨、大圣引路王菩萨、旷野大将、往古一切人伦等。可以辨识的引导菩萨有大威德菩萨、大圣引路王菩萨两位。

西壁内容有四海龙王（图1-16-5、图1-16-6）、五岳大帝（图1-16-7）、大将军黄□□尾五鬼神众、太岁太煞太阴太阳神众、安济夫人、风调雨顺龙王、地府三官、守斋护供诸龙神众、主五谷主□药神众（图1-16-8）、风雨雷电龙王神众、空藏王菩萨圣众（图1-16-9）、十殿阎王（图1-16-10、图1-16-11）、地藏菩萨、护军护民诚（城）隍土地社庙神众、吊客丧门大耗小耗宅龙诸神（图1-16-12）、善恶二薄（部）牛头马面门傍曹官、地府地狱神祇（图1-16-13）、水府神祇、孤魂冤鬼、四生六道等神祇等。引导者有空藏王菩萨、地藏菩萨、咸（启）教大士面然鬼王。

图1-16-1　释迦如来庙

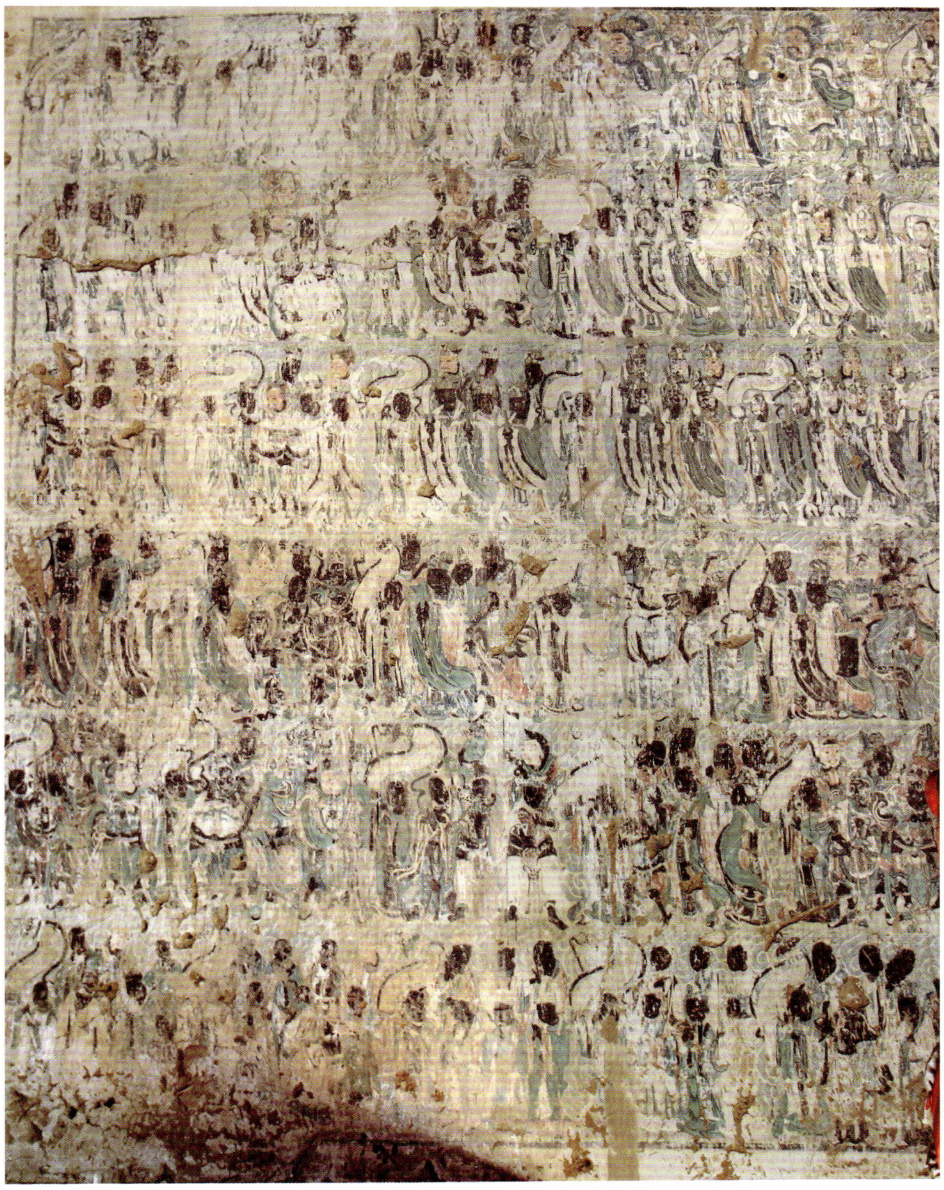

图1-16-2　东壁壁画

图1-16-3　西壁壁画

图1-16-4　东壁壁画（局部）

图1-16-5　西壁壁画（局部）

图1-16-6　西壁壁画（局部）

图1-16-7　西壁壁画（局部）

图1-16-8　西壁壁画（局部）

图1-16-9　西壁壁画（局部）

图1-16-10　西壁壁画（局部）

图1-16-11　西壁壁画（局部）

图1-16-12 西壁壁画（局部）

图1-16-13 西壁壁画（局部）

米脂县万佛洞壁画

万佛洞，据碑石记载，亦称万福洞，因洞窟内有万余尊摩崖造像而得名，位于米脂县城北8千米的无定河右岸悬崖之上。悬崖顺无定河为南北走向，横长数百米，崖顶平坦，距地面约20米，至山顶二三十米。悬崖峭壁，怪石环布，顶层向外突出，其状险峻。

在悬崖的横面上，有高低和大小不等的12个石窟，在窟门的上部镌刻有“九天圣母洞”“白衣洞”等字样。有的洞窟已残破，有的洞窟已无佛像，仅残留洞顶藻井图案和洞壁的人物、奇兽、花饰图案。有的洞窟是摩崖造像，有的洞窟是泥塑佛像。在悬崖的南北中间，是洞窟群的正殿，名曰“伽蓝护法殿”，即人们通常称呼的“万佛洞”（图1-17-1）。此洞窟距地面约30米，距崖顶约20米。洞窟呈四方形，直进式，高约5米，进深和宽各约10米，面积约100平方米。洞窟的中间部位有开凿的洞门，高约3米，宽约2米。洞门的南北两壁，有开凿的窗户，高约1米，宽约0.8米。现有洞门的北壁尚完整，窗户犹存，洞门的南壁已残损，窗户已不存。窟顶为平顶，窟的中间部位有两个上下和洞窟连在一起的四方石柱，南北两面宽约1.3米，东西两面宽约1米。

洞窟内东壁、南壁、北壁和两个四方石柱上均有浮雕造像，壁画仅存在于南北两个中心石柱的西面，一进窟门就能看到。壁画分为上下两排，南石柱上每排九位坐佛（图1-17-2、图1-17-3），北石柱上每排七位坐佛（图1-17-4、图1-17-5、图1-17-6、图1-17-7）。其中，北石柱的壁画中上方有一则石刻题记。整个壁画以红色为底色，佛像并排排列，均呈结跏趺坐，双手作禅定印，均有头光和身光。头光和身光以绿色和白色填染，相邻者颜色不同，隔一者颜色相同，斑驳破损，隐约可辨。壁画应是明清时期所绘。

图1-17-1　万佛洞

图1-17-2　南石柱壁画

图1-17-3 南石柱壁画（局部）

图1-17-4 北石柱壁画

图1-17-5　北石柱壁画（局部）

图1-17-6　北石柱壁画（局部）

图1-17-7　北石柱壁画（局部）

府谷县麻镇大庙壁画

麻镇大庙位于府谷县麻镇旧城，始建于清乾隆三十六年（1771），是府谷县保留最完整的古建筑群（图1-18-1），整个庙宇由山门、戏楼、龙王殿山门、土地山神庙、石牌楼、药王殿、钟楼、鼓楼、碑亭、龙王殿、龙王柏、年值月值日值时值庙、风伯雨师雷公电母庙、牛王马王殿、观音文殊普贤殿、娘娘殿、关帝殿、东配殿、西配殿、财神殿、火神殿、玉帝楼、地藏菩萨殿、天王殿、方丈堂、五观堂、大雄宝殿、三官殿、孔殿、东判官殿、西判官殿、孤魂坛等构成。庙内主体建筑和清代壁画相对保存完整。庙内石牌坊上书“塞上古刹”，两侧对联为：“教三尊并立为僧道儒，理一致同皈即佛仙圣。”还有浅浮雕八仙人物。1982年被列为县级重点文物保护单位。

一、娘娘殿

娘娘殿是一座面南背北三开间的古建筑，门前匾额上书“垂慈布德”，两侧柱上对联为“天赐麟儿携子抱孙送人间，身入仙境育婴保赤通乾坤”。门前说明牌上记载：“娘娘殿，供奉三位娘娘，即云霄、碧霄、琼霄。两旁供有康彩姐姐、豆阿哥哥、催生娘娘、送子娘娘。”殿内北壁新修三尊塑像，在东西二壁上存有旧绘壁画，分别绘有三霄娘娘出巡和回銮图。

东壁上的三霄娘娘出巡图（图1-18-2），画面以褐色的云气为底，云气上面绘有众多人物。以观者为中心，整个队伍往画面右方行进。三霄娘娘居于画面的中心位置，均为贵妇打扮，面庞圆润，头顶和耳部有沥粉贴金装饰物，身后都有一位头扎双髻，双手持长幡的童女。三位娘娘分别骑着不同的坐骑，其中最右边的娘娘骑白鹤，右手持一笏板（图1-18-3），娘娘和白鹤头部均转向画面中心娘娘身上；在画面中心的娘娘（图1-18-4）呈正面造型，手持一把金色如意，穿红色外衣，骑红嘴、粉面、绿羽、孔雀尾的大鸟；画面左边的娘娘穿绿衣（图1-18-5），双手抱一笏板，骑红嘴、红冠、蓝面、长羽的大鸟。在队伍的中间有四值使者，即四值功曹。均头戴官帽，蓄八字须，其中年值使者、月值使者、日值使者和时值使者均右手端牌位，牌位上分别记录着每位使者的名称。由于墙壁的修补，排在最前面的两位举幡旗侍者已无法看到，只能隐约看到幡旗飘荡。还有四位女官（图1-18-6），均头戴黑色官帽，骑在马身上，年长的一位左手持一个蓝色卷轴，一位身后背一个长条形包裹，一位右手端一个浅蓝色卷轴，一位身背一个包裹。四人按两人一组分别站在队伍的两边。此外还有一些侍女（图1-18-7），或骑马、驼等动物，手里或持盘，或抓缰绳。整幅画面人物众多，除去两处修补痕迹，大多数画面尚可分辨，具有一定的情节性，反映出巡前相互叮嘱交谈的喧嚣场景。在壁画的右下角，划出一块红色区域，上面用墨笔书写“画墙画施财众姓人等……”，多为供养人姓名。

西壁上绘有三霄娘娘回銮的内容（图1-18-8），画面依然是以褐色的云气为陪衬，云气上面绘有众多人物。以观者为中心，整个队伍往画面右方行进。对于画面来说，与东壁一样都是往右行进，但对于观者来说，这既是有始有终的情节性表现，同时也形成一个完整的顺时针观看方式。此壁画中人物与东壁基本相同，只是个别动态与东壁略有不同，与东壁结合起来看可以发现以下变化：骑白鹤的娘娘手中不见了笏板。在东壁中由于修补导致看不见队伍前举幡旗的使者，在西壁中可以看到，使者头上长双角，头发竖起，圆目、翻鼻、阔嘴，戴大耳环和手镯，裸上身，赤腿足，腰系红裙，双手持一长杆幡旗，幡旗上有花叶装饰，可以看出该使者呈现鬼吏模样。女官中最长者左手中的卷轴已经打开，右手持笔在嘴里抿着。四值使者的位置由东壁队伍的前中位置变化到西壁队伍的中后位置。此外，在画面最底层骑着马的侍女们均怀抱一个婴儿（图1-18-9），婴儿或在吸乳，或在侍女肩头张望，或在安睡。

二、财神殿

财神殿面南背北，殿内有新塑财神像一尊。在东西两壁上绘有壁画，两壁上均有两道修补痕迹，对整面壁画的释读造成障碍。两壁壁画场景均描绘一个庭院，由室内和室外的人物活动组成。在东壁壁画（图1-18-10）中反映出室内外互动有两个场景，均在画面的上部。以观者为中心，画面的右上角由房屋和四个人物组成，房屋建在一个高台之上，与地面由四级台阶相连。台阶上一男子正在向上行进，红色裹头，橄榄绿裙裤，双手捧一盘金元宝。高台上以方砖铺地，房屋门外站立一人，头戴帽，蓄八字须，左手持一卷轴，目视庭院。室内有一长桌，桌上摆有一个秤，用来称量金子。在秤的两侧，还有一盘金元宝和打开的卷轴。桌子的后面有二人，穿红色衣服的双手捧一盘金元宝，另一人破损看不清。画面的左上角是一栋二层建筑（图1-18-11），建于一高台之上，高台与地面由六级台阶连接，台阶又与一条通往院门的石子路相连。从院门、石子路到六级台阶上共有四人（弥补过和斑驳不清的除外），他们或推车，或急行，或端盘。六级高台之上的房屋内共绘有六人，场景中心人物呈坐像，但依然比其他五人体形高大，可见，此人应是主要人物——财神。画师用浅蓝色画财神的面部，圆目、阔鼻、张嘴、络腮红胡，穿橄榄绿长衣，两个袖子是红色，右手扶膝，左手抬起伸出食指和中指，指向画面右方。两旁各站二人，左边二人均戴帽子，好似一文一武；右边二人均不戴帽子，一人左手端长柄如意，一人双手持卷轴，持卷轴之人面部好似胡人形象。在财神面前有一人单膝跪地，双手托一盘金元宝。在室外庭院中共有七人，均为小吏模样（图1-18-12），或扛箱，或推车，或抬箱。推车上有的是一罐珠宝，有的是一个巨大的金元宝。将几个场景联系起来分析，可以形成一个完整的情节：首先是小吏们（图1-18-13）推着或抬着财宝进献财神，财神验过后，令他们送到库房衡量入库。

殿内西壁壁画（图1-18-14）与东壁相仿，亦是庭院场景，由五个部分组成。以观者为中心，壁画的左上角四级高台之上的屋内有一长桌，桌上依然有衡器。一人在衡量金元宝，一红衣人端一盘金元宝，门外台阶上一小吏怀抱一瓶，瓶内插有红色树枝状物体，台阶下方有一小吏推车等候。此室侧面一门内跨出一人，双手捧一盘金元宝。上部画面中间部位有一座建在三级台阶上的房子，画面由三人组成，一人在室内呈接盘动作，一人在室外呈递盘姿势，盘内有金元宝，二人在窗口进行交接，房屋的转角处有一红衣童子在偷窥。画面的右上角，有一座建在五级台阶上的房屋，屋内以二级台阶区分内室与外室。此场景由六人组成，最中心依然是形体大于侍者的财神，与东壁上的形象相似，似在聆听。身旁四人分两边站立，文官模样的人双手展开卷轴呈宣读状；一位戴耳环胡人模样的侍者右手端一长柄如意；另一位侍者，亦胡人打扮，头戴螺纹帽，双手捧一牌位递给一位双膝跪地的老者，老者白须黑帽，抱拳拱手呈感谢状。室外的台阶上一小吏挑着两个箱子正在下行。庭院中有众多小吏，有的在推车，有的在拉车。庭院门口有二人，一坐一站，坐着的穿红衣戴官帽，二人似在进行最后的审验工作。将五个部分结合起来看，全画表现的是财宝出库后由财神判给需求者，获得者感恩戴德，再由小吏协助送至门口审验的全过程。

整体分析两壁壁画，东壁应是财神审验、财宝入库图，西壁应是财宝出库、分发财宝图，两幅图充分反映了财宝收支的全过程。

三、关帝殿

关帝殿建造在一个高台之上，三开间，有献殿，面南背北，门头上牌匾书写“大义参天”四字，门上说明牌记载“关帝庙，内供奉关羽”。本地群众也叫关帝殿为老爷庙。殿内北壁中开间处塑有关羽坐像一尊，两旁分别塑持刀周仓像和端印关平像，三尊雕像均为新塑，塑像身后有多幅壁画（图1-18-15）。在北壁的东西开间墙壁上和东西壁上均绘制有壁画，每幅壁画都由较宽的装饰线进行分割，形成独立的情节和场景（图1-18-16）。

东壁壁画（图1-18-17）是一行人马向画面右方行进的场景。画面的右下角有三人：一位长者，面部不清，蓄长须，穿绿色长衫，左手持一个长柄如意；其后一人头戴黑色官帽，穿红色衣服，蓄须，双手举笏板于面前，呈恭迎之姿；最后一童子，扎双髻，双手持一长杆旌节。在队伍的最前方有二鬼吏，均裸上身，赤腿足，肌肉健硕，腰部系裙，一位绿色，一位褐色，各举一面三角旗。虽然墙面修补痕迹遮盖了伞盖下主尊神像的相貌，但尚能辨认其坐于一辆马车上。侍从们均骑着马，侍从中有文官（图1-18-18）、武将、女官和小吏等。文官手持笏板；女官或肩背包裹，或手捧盘花；武将们或吹号，或击鼓，或持钺形仪仗兵器，或扛大刀，或持宝剑；小吏们或举伞盖，或举旗子。能认出队伍中为关羽持大刀的周仓和持宝剑的关平，由此可以推测出，坐在马车上的主尊神像应是关羽。因此，该壁画应是《关圣帝君出巡图》。

北壁东侧壁画（图1-18-19）绘制的人物形象众多，由于修补过程中有一些画面被覆盖，壁画不能完全识别，但依然可以看出图中绘有15人，以画面主尊为中心呈左右对称排布。主尊位于壁画的中上部，虽为坐像，仍然比周围人物形体大。面部漫漶不清，座位虽有扶手，但主像端坐，右手放在右膝上，左手持带布套的笏板，身旁有女官、文官、武将等。女官持长柄团扇，文官持笏板，武将手握金瓜形仪仗兵器。周仓、关平分立两边，周仓因修补辨识不清，关平持剑。一女官捧一包裹递给面前双膝跪地之人，跪地之人侧背向观者，头戴黑色官帽，身穿红色外衣，抬起双手做承接姿势。地面由黑白方砖铺砌，中间部位有一块巨大的花纹石刻。虽然周仓不能识别，但持剑的关平依然会给我们信息，那就是主尊一定是关羽。此图应是《关圣帝君赐物图》。

北壁西侧壁画（图1-18-20）与东壁相仿，只是修补面积更大，依据已看到的人物和东壁主尊左右对称原则可以推测出，此壁人物应该有17人。位于画面中上部的主尊像头部已覆盖，身体基本可以辨认，坐于高靠背有扶手的椅子上，双手持笏板于胸前，左右有女官、文官、武将环绕。女官或持仪仗扇，或捧包裹；文官双手持笏板；武将（图1-18-21）或握大刀，或持宝剑，或扶朝天镫形仪仗武器，或抱箭囊。一小卒在众人面前单膝点地，右手高举一封信。地面装饰与东壁相同。从手握大刀的周仓和持着宝剑的关平来看，主尊一定是关羽。此图应是《关圣帝君接报图》。

西壁壁画（图1-18-22）绘制着一行人马向画面右方行进的场景。在画面的最左下角有三人，均仰头望着即将离去的一行人马，其中一长者模样的人头戴黑色帽，蓄白髯，双手端一长柄曲颈物体；武将打扮的人戴盔穿甲挎宝剑，呈抱拳拱手状；另一人面部漫漶不清，手扶长杆旌旗，旗卷在杆上。主尊神像（图1-18-23）坐在马车上，车上有华盖和座椅，主尊头戴帝王冕冠，柳叶眉、丹凤眼、长髯，左手持笏板横于胸前，右手扶座位扶手，身旁女官（图1-18-24）、文官、武将围绕。女官们或背横条状包裹，或捧盘；文官们均持笏板；武将们或击鼓，或吹号（图1-18-25），或握大刀，或拿宝剑，或举钺形仪仗武器；队伍的最前方有两个鬼吏裸着上身，举旗开道。整个队伍在云气中行进。握刀的周仓和持剑的关平依然可以帮助我们辨识主尊，主尊还是关羽。此图应是《关圣帝君回銮图》。

将殿内东西两壁绘画联系起来看，会形成一个连续完整的场景，即关圣帝君接受迎请出巡和回銮时送行的场面。北壁是关圣帝君接到信报和赐赠物品场景。壁画构图饱满，线条流畅，设色沉稳，耀眼的红色对于画面起到点睛作用，铠甲和兵器上也有沥粉贴金装饰。

四、三官殿

三官殿门上匾额书写“天官赐福”，为道教道场。殿内两旁绘制三官出行察看人间善恶的壁画，东墙壁画（图1-18-26）为原作，保存完好。北壁和西壁壁画均为新绘。

东壁壁画由空中和地面两部分组成。地面部分在画面的右下角，分为两个场景，每个场景均有三人，用树和岩石隔开。场景一中，二人跪地一人站立，跪地二人中童子模样的人扎双髻仰视，双手托盘，盘中盛有一物；另一跪地人呈官员模样，头戴乌纱帽，身穿红衣，双手抱拳仰视；第三人虽为站姿，仍躬身抱拳仰视。场景二中，跪地一人呈童子模样，双手高举盛放红色供品的托盘于头顶；一老者戴帽蓄白长髯，拱手仰视；另一人抱拳拱手于胸前，戴盔披甲，绿色战袍外有红披风。空中部分由云气衬托，主尊有三人，比侍从形体略大，且处于画面中上位置，均有坐骑和头光。中间一位呈帝王打扮，头戴冠冕，蓄长须，双手打开一幅长卷，坐在一只大鸟身上，身后有童子举旌节（图1-18-27）和伞盖，此人应是天官（图1-18-28）。以观者为中心，天官的右边主尊头戴梁冠，蓄长须，右手拿笏板，骑在一匹橘色马上，身后一童子持羽扇，此人应是地官（图1-18-29）。天官左边主尊头戴梁冠，络腮黑胡，骑在一只青龙身上，身后一童子持羽扇，此人应是水官（图1-18-30）。在三官的周围还有文官、武将、侍从和有翅神怪。文官们或头戴梁冠，或戴乌纱帽，手里或持笏板，或展卷子。武将们手持各种兵器，呈冲杀状，可以辨识出持鞭赶黑虎的赵公明和三只眼持金鞭的王灵官。两位侍从双手举旌旗为队伍开道。另有两位人面、独腿、大耳、展翅、裸上身、嘴含棍状物的神怪。整幅画面应是《三官出巡图》。

五、火神殿

火神殿面积较小，大约6平方米。面南背北，殿中央靠北壁有一新修火神塑像，壁画绘在东西二壁上，反映火神出巡和回銮的情节。

东壁修补的痕迹较多，斑驳破损较为严重，能隐约看出有几人骑在马上向画面右方行进。有的穿红色衣服，有的吹号，有的背长条形包裹，有的右手抱一红色轱辘状物体，队伍前面有旌旗开道。此壁画应是《火神出巡图》。

西壁壁画（图1-18-31）相对东壁而言保存较好，但中间亦有大面积水泥覆盖，基本可以看清内容。画面中间偏上的位置应是主尊（图1-18-32），除了形体较大以外，还着一身显眼的红色衣服，成为画面的焦点。其有三只圆眼，隆鼻，头顶凸且有隆起，红发红须，头上戴冠，内穿铠甲，外披红色战袍，骑褐色马，左手抓圆形物体，右手持细棍状物体。身旁侍者前呼后拥，除了最前面两位鬼卒未骑马，其余侍者均骑马跟随。两位鬼卒均裸上身，赤腿足，戴足环，肌肉健硕，有披肩领巾，头上用布裹扎，双手举旌旗开道。其他侍者或吹号（图1-18-33），或背包裹等。其中亦见到东壁中出现过的红色轱辘状物体，只是紧邻水泥覆盖部分，无法分辨具体场景。从人物和马匹的朝向可以看出，整个队伍也是朝画面的右边行进，此壁画是向北壁方向，可以断定是《火神回銮图》。

将东西壁画结合起来看，一出一进，形成一个完整的情节，使观者对火神能有一个较为全面的了解。

图1-18-1　麻镇大庙

图1-18-2　娘娘殿东壁壁画

图1-18-3 娘娘殿东壁壁画（局部）

图1-18-4 娘娘殿东壁壁画（局部）

图1-18-5　娘娘殿东壁壁画（局部）

图1-18-6　娘娘殿东壁壁画（局部）

图1-18-7　娘娘殿东壁壁画（局部）

图1-18-8　娘娘殿西壁壁画

图1-18-9　娘娘殿西壁壁画（局部）

图1-18-10　财神殿东壁壁画

图1-18-11　财神殿东壁壁画（局部）

图1-18-12　财神殿东壁壁画（局部）

图1-18-13　财神殿东壁壁画（局部）

图1-18-14　财神殿西壁壁画

图1-18-15　关帝殿北壁壁画

图1-18-16　关帝殿北壁壁画（局部）

图1-18-17　关帝殿东壁壁画

图1-18-18　关帝殿东壁壁画（局部）

图1-18-19　关帝殿北壁东侧壁画

图1-18-20　关帝殿北壁西侧壁画

图1-18-21　关帝殿北壁西侧壁画（局部）

图1-18-22　关帝殿西壁壁画

图1-18-23　关帝殿西壁壁画（局部）

图1-18-24 关帝殿西壁壁画（局部）

图1-18-25 关帝殿西壁壁画（局部）

图1-18-26　三官殿东壁壁画

图1-18-27　三官殿东壁壁画（局部）

图1-18-28　三官殿东壁壁画（局部）

图1-18-29　三官殿东壁壁画（局部）

图1-18-30　三官殿东壁壁画（局部）

图1-18-31　火神殿西壁壁画

图1-18-32　火神殿西壁壁画（局部）

图1-18-33　火神殿西壁壁画（局部）

绥德县观音寺壁画

观音寺，位于绥德城西2.5千米的马家坬村口，建于唐贞观九年（635）。明弘治年间修建观音楼、钟鼓楼，并制大鼓一面、大钟一口。清乾隆四十九年（1784）建旌善坊一座。1989年，观音寺被定为县级重点文物保护单位后，寺众多方筹集资金，大兴土木，使其面貌焕然一新。

目前，壁画只剩对称的两幅，每壁有12位神仙，东西二壁相加共有24位神仙，应是佛教中的二十四诸天①。每位天神高约1.6米，东壁壁画（图1-19-1、图1-19-2）破损严重，中间有几道裂痕，有三位天神头部被毁，无法辨认。从服饰隐约可辨两位女神，九位男神，还有一位分辨不清性别。西壁壁画（图1-19-3、图1-19-4）中下部被后来绘制的黑色宽边山水画覆盖，只露出八位天神的上半身，共有七位男神，五位女神。两壁天神们神态各异，或庄严，或狰狞，或沉着，或虔诚，有持笏板的文官（图1-19-5），有持兵器的武将（图1-19-6），有持法器的女神（图1-19-7），还有的双手合十。在众诸天身后有祥云围绕。从局部破损可见，该壁画曾被近代覆盖重绘，白色祥云与众天神分属两层壁画，白色祥云层颜色较新（图1-19-8），应为最近一次绘制。众天神应是较早绘制层，笔法娴熟，设色沉稳，以红色和绿色为主（图1-19-9），布局考究，应是清早期所绘。

---

①二十四诸天是二十天加上道教的紫微大帝、雷神、东岳大帝三位神仙和天龙八部中的紧那罗神组成的。他们常供奉于大雄宝殿东西两侧，皆为站立姿势，形象基本汉化，面貌服饰都是中国式的。他们的排列顺序是(一般单数在左，双数在右)：1.大功德天；2.大辩才天；3.大梵天王；4.帝释尊天；5.持国天王；6.增长天王；7.广目天王；8.多闻天王；9.日宫天子；10.月宫天子；11.金刚密迹；12.摩醯首罗；13.散脂大将；14.韦陀天神；15.坚牢地神；16.菩提树神；17.鬼子母神；18.摩利支天；19.娑竭龙王；20.阎摩罗王；21.紧那罗神；22.紫微大帝；23.东岳大帝；24.雷神。

图1-19-1　东壁壁画（局部）

图1-19-2　东壁壁画（局部）

图1-19-3　西壁壁画

图1-19-4　西壁壁画

图1-19-5　东壁壁画（局部）

图1-19-6　东壁壁画（局部）

图1-19-7　东壁壁画（局部）

图1-19-8　西壁壁画（局部）

图1-19-9　东壁壁画（局部）

关中篇

西安市临潼区庆山寺壁画

庆山寺位于西安市临潼区东北10千米处的新丰街道凤凰塬上。1985年5月在庆山寺遗址内发现了大唐开元二十九年（741）的立碑和安置释迦如来舍利的精室。在三平方米的精室内除出土了129件罕见的珍贵文物外，还发现了五幅直接绘制在砖面上的精美壁画。在精室甬道两侧绘有金刚、力士图画，可惜已残。在精室内北壁、东壁和西壁共发现三幅壁画。

精室壁画呈现涅槃的场面。以东西壁中部所绘红色柱子为界，分为两区：北部为天界，主题为诸天举哀；南部为人间，主题为弟子供养。

须弥山绘于北壁正中，是天界的象征。须弥山为唐代山岳表现的常见形式，以较粗的墨线勾勒纵向山体的轮廓，再用深浅不同的墨色顺轮廓线晕染，表现其沟壑起伏的山势。整个山体挺拔高耸，连绵不绝。帝释尊天、大梵天王绘于须弥山两侧，为释迦牟尼的两胁侍。东侧为大梵天王，手持团扇；西侧为帝释尊天，均呈正面像。东西两壁上部绘从天而降的花朵，下部绘天宫伎乐，乐舞者均面向前部，呈现来迎之势。

天界图像表现的主题是释迦牟尼涅槃后诸天举哀的情景。这在诸多涅槃经中都有记载。画面描述出诸天悲哀，从空中撒下无数天香天花和天幢宝珠等供养，并在空中演奏天乐，发出种种悲叹的声音。

坐部乐舞图（图2-1-1、图2-1-2）绘于精室东壁，画面中央一根红色柱子将其分为演奏和观赏两大部分。演奏部分绘坐部乐舞伎共十人，分三排结跏趺坐。前排左起第一伎击羯鼓，第二伎击鼓，右一所奏乐器不明。二排左起第一伎手持团扇，第二伎击鼓，第三伎吹箫，第四伎吹笛。后排左起第一伎所奏乐器不明，第二伎吹管，第三伎所奏乐器不明。坐伎皆束发绾髻，髻际扎组缨，颈戴链，腕戴钏环，头后有圆形头光。坐伎乐队前，一个头挽四髻的舞伎翩翩起舞。观赏部分绘有欣赏乐舞的中外僧人。

与东壁相同的是，在西壁壁画（图2-1-3、图2-1-4）中，亦有一根红色柱子将全画分为两部分。柱右侧是三排九人的坐部乐伎。乐伎皆束发绾髻，髻际扎组缨，颈戴链，腕戴钏环。前排左起第一伎吹笛，第二伎弹琵琶，第三伎吹笙，第四伎拍板。中排第一伎吹排管，第二伎吹箫。后排三伎所奏乐器不明。坐部乐伎前，一个舞伎凌空起舞。柱左侧是一座六柱廊房，柱面有花草，廊下坐着五个听乐赏舞僧人。与东壁不同的是乐伎所奏乐器不是以鼓为主，而是以管弦乐器见多，似与胡部新声用乐接近。

在壁画中，我们看到舞者长巾飘飘，凌空而起，舞姿如风而旋，似与胡旋舞的记载相合。

图2-1-1　东壁壁画（局部）

图2-1-2　东壁壁画（局部）

图2-1-3　西壁壁画（局部）

图2-1-4　西壁壁画（局部）

铜川市耀州区药王山壁画

药王山（图2-2-1），位于陕西省铜川市耀州区城东约1.5千米处，唐时名磬玉山，海拔约1000米，因其由五个顶平如台的山峰连成，宋至明代时又名五台山。早在南北朝时，该山即为佛教重地，隋唐继之。后经唐武宗灭佛，再历五代之乱，佛教衰落。后因唐代名医孙思邈曾隐居于此，道教兴盛后，在明代时于此建纪念孙思邈的药王庙，从此改名为药王山。山上翠柏葱蔚，庙宇林立，幽雅清净，古迹遍地，现为全国重点文物保护单位和风景自然保护区。目前，在南庵三清殿和北洞十大名医殿内还存有壁画。

南庵三清殿是元代建筑（图2-2-2），大殿坐北朝南，壁画绘制在东、西山墙之上，相互对称，画幅呈“凸”字形，中间幅高3.6米，两边高2.8米，东西壁画均宽约9米。画中神仙共计87位，其中残缺的有8位，主尊像高约1.7米，与真人相仿。东壁（图2-2-3）神仙40位，其中残缺的有7位。应为天皇、玉皇、后土、仕女（图2-2-4）、南斗六星君（图2-2-5）、十二化仙官（图2-2-6）、五岳圣帝（图2-2-7）、四渎源王（图2-2-8）、星宿神（图2-2-9）等。西壁（图2-2-10）神仙较为完整，共47位，仅有1位残缺，画中有北极、圣祖、圣祖母、仕女（图2-2-11）、北斗七星（图2-2-12）、十二化仙官（图2-2-13）、三官（图2-2-14）、天曹（图2-2-15）、星宿神（图2-2-16）等。布局上以六位主像为中心，向两边展开人物行列；构图上寓复杂于单纯，寓变化于统一，寓动于静；在形象的创造和构图的设计上都达到了极高的水平。此画没有题记，但根据风格、图像、历史、社会、宗教的综合观察，其底本最有可能是北宋崇宁二年（1103）的作品，后世多次修补，现壁画为明代嘉靖四十三年（1564）时作。它的图像和风格更接近于宋代传统，是了解宋、元、明道教发展的关键环节。

绘者从壁画形态内部把握整体结构的韵律关系，毫无杂乱堆积之感。壁画按前后次序排列成两层，彼此覆盖，相互揳牢，是一种上下组合模式，画面众神浩浩荡荡，如潮水一般。人物造型准确，比例适度，神态生动。画面构成均衡、稳定，主次分明，井然有序。不同人物的形象、性格、精神、心态等刻画得十分细致。帝君、仕女、宿星、五岳、四渎等，虽形体近似而面貌和神情却很少雷同，或和颜悦色，或横眉怒目，或安静淡泊，或意气风发，或倾听，或对语，眼神也有左顾右盼的变化，全体队伍前后呼应。这在视觉规则上显现为平行的或楔形的，动态的或静态的，条理的或无条理的，对称的或不对称的，但所有这些现象都受制于朝拜道教始祖元始天尊这一如同物象生长的模式。

北洞，即药王洞，位于显化台上，以药王大殿为中心，建筑林立。在配殿十大名医殿内，还有扁鹊、仓公、张仲景、华佗等十位古代名医的塑像，他们都是孙思邈当年研究医学时尊崇的先师。塑像身后墙面上分别绘有壁画（图2-2-17），以屏风画的形式呈现（图2-2-18），由于年代久远，许多图像漫漶不清，隐约可见五台山图（图2-2-19）、杜十娘怒沉百宝箱（图2-2-20）等人物、山水、建筑内容，笔法细腻，造型准确，是清代不可多得的佳作。

图2-2-1　药王山

图2-2-2　南庵三清殿

图2-2-3　南庵三清殿东壁壁画

图2-2-4　南庵三清殿东壁壁画（局部）

图2-2-5　南庵三清殿东壁壁画（局部）

图2-2-6　南庵三清殿东壁壁画（局部）

图2-2-7　南庵三清殿东壁壁画（局部）

图2-2-8　南庵三清殿东壁壁画（局部）

图2-2-9　南庵三清殿东壁壁画（局部）

图2-2-10　南庵三清殿西壁壁画

图2-2-11　南庵三清殿西壁壁画（局部）

图2-2-12　南庵三清殿西壁壁画（局部）

图2-2-13　南庵三清殿西壁壁画（局部）

图2-2-14　南庵三清殿西壁壁画（局部）

图2-2-15　南庵三清殿西壁壁画（局部）

图2-2-16　南庵三清殿西壁壁画（局部）

图2-2-17　十大名医殿彩塑及身后壁画

图2-2-18　十大名医殿壁画（局部）

图2-2-19　十大名医殿壁画（局部）

图2-2-20　十大名医殿壁画（局部）

西安市东岳庙壁画

东岳庙位于陕西省西安市东门昌仁里，始建于宋朝，为西安著名道观，现为省级重点文物保护单位。从现存情况来看，庙内主要建筑物尚存，几座大殿基本完好，但各殿内的雕塑均已被毁，壁画仅存于主殿和寝殿的东、北、西壁。

主殿的壁画描绘东岳大帝领导的司职题材，共有54幅，其中东、北、西壁各18幅，共有252人。

主殿东壁壁画（图2-3-1）高约5.6米，宽约8.6米，总面积约48平方米。虽然后世对破损的壁画进行了一定的修补，但仍有部分画面漫漶不清。目前可看到17个司职，共95人，其中16个司职可以识别出来，包括举意司、陈状司、鬼魅司、还魂司、医药司、驿客司、勾愿司、注禄司、财帛司、推问司、四生司、孝顺司（图2-3-2）、官员司（图2-3-3）、山林司、曹吏司、水府司。

主殿北壁壁画被黑色粗线划分为三块（图2-3-4），北壁东部壁画（图2-3-5）高约4.72米，宽约7.22米，除去门所占的空间，壁画总面积约25平方米，共有九处司职内容，其中可以辨认出七处司职内容，共40人，包括刑戮司、奸邪司、地府司（图2-3-6）、枉死司、烧香司、忤逆司、鳏寡司。北壁中部壁画（图2-3-7）高约4.72米，宽约4.68米，约22平方米。过去曾绘有壁画，但不知何时被毁坏，现在除了画面顶部两个角还显有白色底子以外，其余部分均已剥落露出黄色泥层。北壁西部壁画（图2-3-8）高约4.72米，宽约7.29米，除去门所占的空间，壁画总面积约25平方米。共有九处司职内容，共37人，其中可以辨认出八处司职内容，分别是城隍司、送病司、山神司、修庙司、失魂司、长寿司、天曹司、冤枉司。

主殿西壁壁画（图2-3-9）高约5.6米，宽约8.6米，总面积约48平方米。共有18处司职内容，共88人，包括法水司、主祸司、功德司、较量司、照正司、风雨司、走兽司、水怪司、注福司、门神司、僧道司、速报司、飞禽司、精怪司（图2-3-10）、促寿司、盗贼司、堕胎司、恶报司。

从唐代开始，随着对泰山神不断的加封，开启了泰山神的国家化和帝王化的倾向，泰山神灵的地位在国家和民众中最终得以确立。历朝历代在建东岳庙时，不仅为东岳大帝修建殿宇，同时也会为东岳大帝的夫人“淑明皇后”建一座殿宇，甚至包括为他的父母以及儿女修建殿宇。西安市东岳庙自然也不例外，在主殿的北面有一座殿宇，规模仅次于主殿，结合壁画内容，我们认定这就是东岳大帝夫人的寝殿，即供奉淑明皇后的殿宇。

寝殿里也有三面墙壁绘有壁画，同主殿相同，亦绘于东、北、西三壁之上。但寝殿东西两壁的壁画格局与主殿有所不同，不仅在山墙上绘有壁画，而且即便是同一墙壁上，也通过黑色的粗线将画面区分开来，形成两组画面。因此，我们可以看出东壁壁画分为四个部分（图2-3-11），北壁壁画分为三个部分（图2-3-12），西壁壁画分为四个部分（图2-3-13）。

寝殿东壁壁画有四个分区（图Ⅰ），除了A区（图2-3-14）破损不清以外，其余三区均围绕女性题材进行描绘。B区（图2-3-15）为两位女子在云上对舞双剑；C区（图2-3-16）虽出现男性，但也是围绕女性展开故事情节的；D区壁画（图2-3-17）占东壁壁画总面积的四分之三以上，其中内容亦全部为女性题材，无男性出现，分别表现出女子的忧郁、弹琴、钓鱼、对弈、聊天等情景。

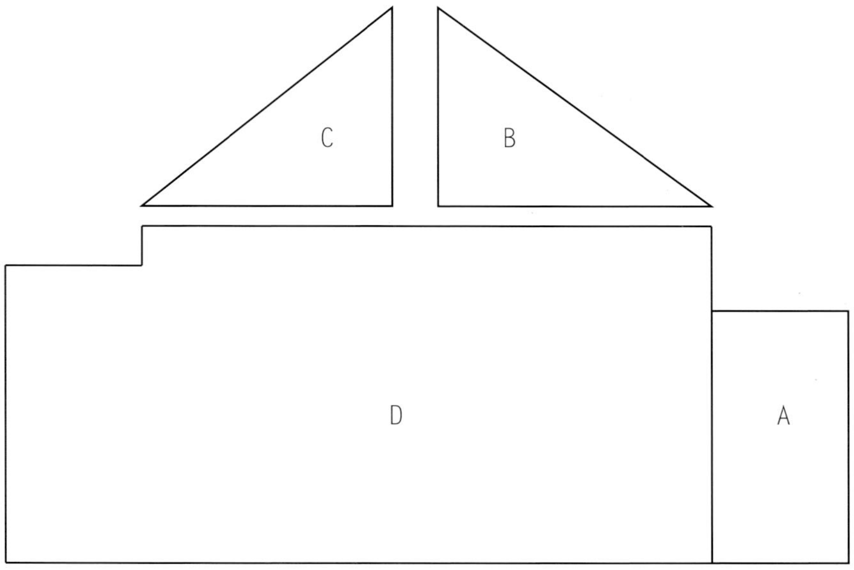

图Ⅰ　寝殿东壁壁画分区

寝殿北壁可以分为三个区域（图Ⅱ），E区和G区壁画中，均反映寝室的场景。从室内陈设的物品来看，E区是北壁东部（图2-3-18），好似女子的寝室；G区是北壁西部（图2-3-19），更像男人的寝室。站在寝殿门口我们面对北壁时，G区和E区壁画这也恰好符合"男左女右"的传统。

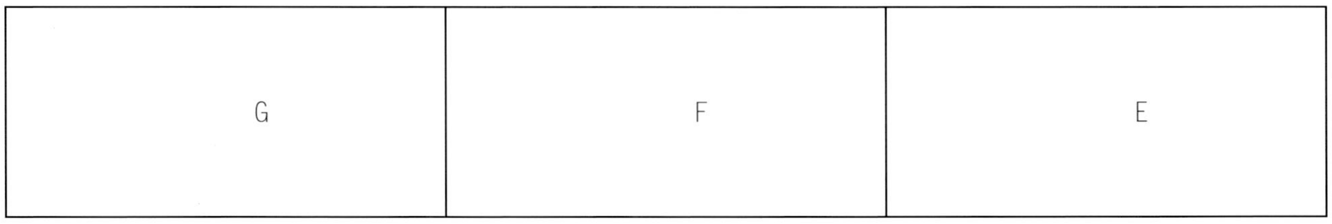

图Ⅱ　寝殿北壁壁画分区

寝殿西壁壁画亦有四个分区（图Ⅲ），除了K区（图2-3-20）破损不清以外，另外三区均围绕女性题材进行描绘。J区（图2-3-21）虽出现兽首人，但也是围绕女性展开故事情节的；I区（图2-3-22）以三位女子为画面中心；H区壁画（图2-3-23）占西壁壁画总面积的四分之三以上，内容全部是女性题材，分别表现出女子的凝视、看书、采莲、望鹤等情景。

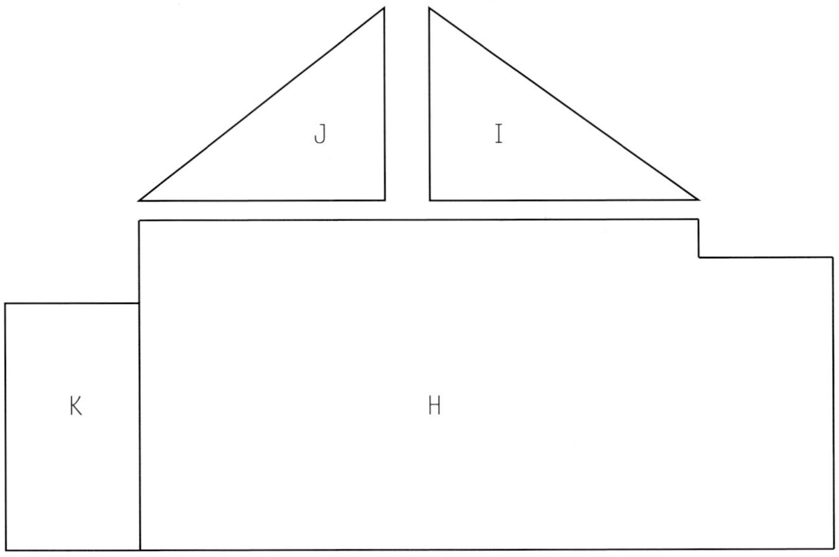

图Ⅲ　寝殿西壁壁画分区

图2-3-1 主殿东壁壁画

图2-3-2　主殿东壁壁画（局部）

图2-3-3　主殿东壁壁画（局部）

图2-3-4　主殿北壁壁画

图2-3-5　主殿北壁壁画（局部）

图2-3-6　主殿北壁壁画（局部）

图2-3-7　主殿北壁壁画（局部）

图2-3-8　主殿北壁壁画（局部）

图2-3-9　主殿西壁壁画

图2-3-10　主殿西壁壁画（局部）

图2-3-11　寝殿东壁壁画

图2-3-12 寝殿北壁壁画

图2-3-13 寝殿西壁壁画（局部）

图2-3-14 寝殿东壁壁画（局部）

图2-3-15　寝殿东壁壁画（局部）

图2-3-16　寝殿东壁壁画（局部）

图2-3-17
寝殿东壁壁画（局部）

图2-3-18
寝殿北壁壁画（局部）

图2-3-19
寝殿北壁壁画（局部）

图2-3-20　寝殿西壁壁画（局部）

图2-3-21　寝殿西壁壁画（局部）

图2-3-22　寝殿西壁壁画（局部）

图2-3-23　寝殿西壁壁画（局部）

西安市莲叶寺壁画

莲叶寺位于西安市鄠邑区祖庵镇韩村村西。现存山门三间，大殿面阔三间，东西厢房各三间。大殿为硬山顶式建筑，坐北向南，殿内东西山墙画满表现宗教人物故事内容的壁画。东西山墙壁画各长5.5米，高5米。从现存碑石《三极老母莲叶寺拨机雷祖指道碑》可知该寺供奉的应该是三极老母。“三极老母”是白莲教中的神祇，被奉为创世主，人类的祖先。

壁画位于大殿内东西两壁，由于长年烟熏，多数壁画已看不清楚。东壁壁画（图2-4-1）比西壁壁画保存较好，尚可见较多壁绘，而西壁（图2-4-2）只能略微看清壁画下半部分。两壁壁画均呈网格状布陈（图2-4-3），每个方格内都有一个场景，反映“三极老母”施法、讲经、征战、降魔等故事（图2-4-4、图2-4-5、图2-4-6、图2-4-7、图2-4-8、图2-4-9、图2-4-10）。从东壁可见的网格中可推测整壁应有47幅故事图，按通常对称原则，西壁也应有47幅故事图，合计94幅。这些故事图场景或发生于山间，或发生于庭院，或发生于城头。每幅故事中主尊神像均坐于莲座，被祥云托举空中，有头光，或只有一尊，或两尊并坐，或三尊并坐。以对角线构图，设色沉稳，部分地方进行贴金装饰（图2-4-11）。由于壁画保存不良，导致画面不清晰，加之文献资料的缺失，图像内容较难准确释读。此处壁画应为清中晚期所绘。

图2-4-1　东壁壁画

图2-4-2　西壁壁画

图2-4-3　东壁壁画（局部）

图2-4-4　东壁壁画（局部）

图2-4-5　东壁壁画（局部）

图2-4-6　东壁壁画（局部）

图2-4-7　东壁壁画（局部）

图2-4-8　东壁壁画（局部）

图2-4-9　东壁壁画（局部）

图2-4-10　东壁壁画（局部）

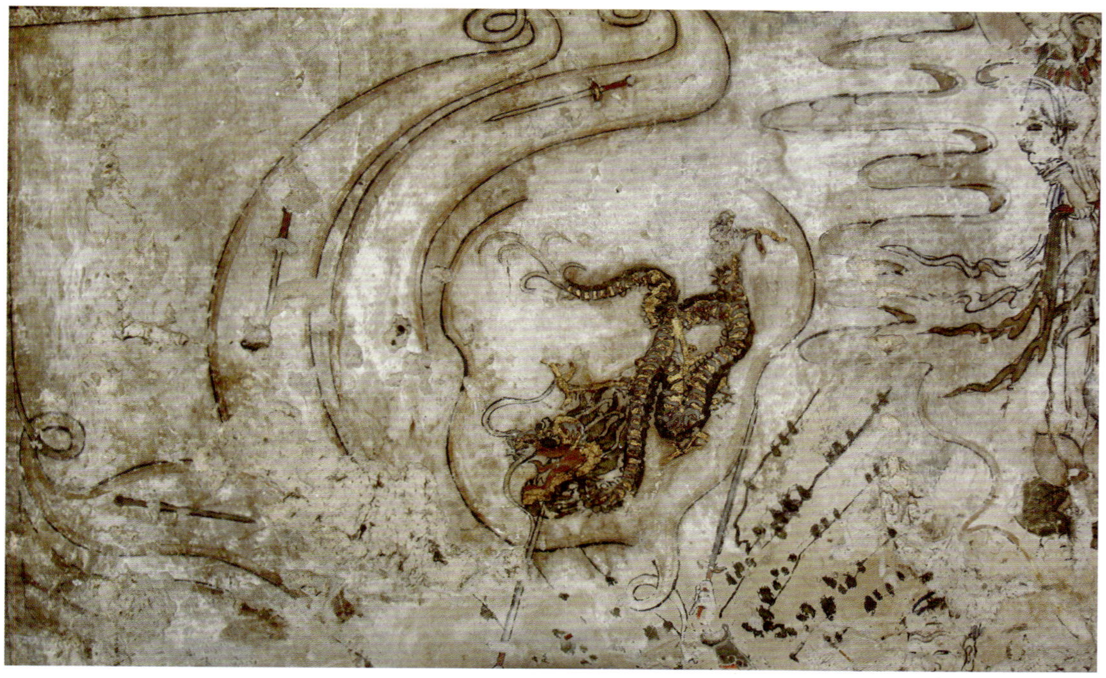

图2-4-11　东壁壁画（局部）

西安市三清庙壁画

三清庙位于西安市鄠邑区清凉山上，庙内现存一座大殿，背南朝北，殿前有两列厢房，院内竖立石碑一通。石碑上所载《重修清凉山三清庙记》，由于雨淋日晒，许多文字漫漶不清，难以辨认，隐约可以分辨出是“乾隆岁次庚午三月吉日”所立。文中记载自明万历年间（1573—1620）就开始在此建庙，此后又经明末清初的扩建和维修，最后于清乾隆时期再一次“峻宇彩壁”。据该庙道长回忆，该殿门曾经是朝南的，后经整修开到北边。殿内新修三清塑像，屋顶经过了翻修，已不见清朝维修的梁架。西壁被粉刷成白墙，已找不到原有壁画的踪影。东壁（图2-5-1）仍存有当年的壁画，但保存现状不佳。整幅壁画呈“凸”字形，上部地仗层翘起，即将脱落，且有泥水侵蚀痕迹，由白灰和黑漆覆盖，并有多个鸟洞。壁画题材以《老子化胡经》为蓝本，绘制《老子八十一化图》，多数榜题已漫漶不清，个别榜题还能辨识。其中包括：第四十七化叹犹龙（图2-5-2）、第四十八化扬圣德（图2-5-3）、第五十二化天地数、第五十五化授道像、第六十三化授神丹（图2-5-4、图2-5-5）、第六十七化光醮坛（图2-5-6）、第六十九化新兴寺（图2-5-7）、第七十四化颂流霞（图2-5-8）。通过以上榜题可知，东壁所绘应该是老子八十一化图中的前半部分，西壁应该绘的是后半部分，由此也可以判断过去殿门应是朝南开，这也符合道长所言。人们进殿后顺时针观看壁画，从西壁开始，到东壁结束，绕殿内塑像一周。画中主要人物高约0.4米，普通人物高约0.25—0.3米，可见作者在绘制过程中注意到人物大小与身份高低的关系。在人物的莲叶冠和一些重点部位有采用沥粉贴金的技法制作（图2-5-9、图2-5-10、图2-5-11、图2-5-12、图2-5-13、图2-5-14）。

图2-5-1　东壁壁画

图2-5-2　东壁壁画（局部）

图2-5-3　东壁壁画（局部）

图2-5-4　东壁壁画（局部）

图2-5-5 东壁壁画（局部）

图2-5-6 东壁壁画（局部）

图2-5-7　东壁壁画（局部）

图2-5-8　东壁壁画（局部）

图2-5-9　东壁壁画（局部）

图2-5-10　东壁壁画（局部）

图2-5-11　东壁壁画（局部）

图2-5-12　东壁壁画（局部）

图2-5-13　东壁壁画（局部）

图2-5-14　东壁壁画（局部）

宝鸡市寿峰寺壁画

寿峰寺位于宝鸡市陈仓区新街镇官村，始建于明成化年间（1465—1487），清康熙三十三年（1694）和乾隆四十年（1775）两次修葺。现存中殿为五脊硬山顶式建筑，后殿两座，僧房三座，另有大钟一口，石刻二通，殿内绘有壁画，为市级重点文物保护单位。

中殿，即大雄宝殿，殿内原有塑像早已毁坏，目前只有殿内右壁保留有“旧画”，左侧墙壁已整修，墙面被黄泥覆盖。右壁下墙体和山墙部分都有壁画及彩绘，下墙体主体壁画高2.5米，宽6米，绘制众多人物题材壁画一幅（图2-6-1）。主体画面前部独立出一幅高2米、宽1.2米的小画，描绘了一幅年轻僧人的全身立像。僧人双手合十，头后有圆光，身着红色袈裟，据考应是十大弟子之一的阿难（图2-6-2）。右壁主体壁画面积约15平方米，根据殿内墙壁白色边框内的毛笔题记“光绪弍（贰）拾弍（贰）年用心”，可以初步断定壁画绘制于清末。壁画所绘制的人物为前后两排排列，前排六个人物皆为全身像，身高约2米，画幅尺寸较大，呈现站立姿态，身体微侧向左方。后排人物在前排人物的间隙中巧妙安排，人物的头胸部分表现完整，身体下半部大多被前排人物衣饰遮挡，显露出的部分依然细腻生动。从人数上看，这一壁画共绘制12位人物，人物形象各异。从人物着装看，有双手持笏的文官形象，有身着铠甲手持武器的武将形象（图2-6-3），还有鬼面赤身的金刚力士等。虽然人物旁没有榜题的身份说明，但一般情况寺观壁画都是以主像为中心的对称布局，所以寿峰寺大殿左壁也应该绘有相同内容和人数的壁画，左壁极有可能也绘制了12人，两壁人物相加一共24人。可以依据壁画人物形象和数量，判断该壁画应是描绘佛教中二十四诸天的护法神。其中帝释尊天（图2-6-4）是一个青年帝王的形象，头戴冕旒，面部清秀无须，双手持笏，身着“周衣”。多闻天王（图2-6-5）头戴毗卢帽冠，身穿铠甲，英武睿智，右手托宝塔，气宇轩昂。摩利支天（图2-6-6）身为三头六臂，正面形象，表现得比较慈祥，有女性特征，额头长出第三目，六臂中两臂双手合十，其余四臂各持法器，左右两侧的头部并非人形，仔细辨认应是猪的头部，袒胸，上身有束胸衣，下身穿裙，飘带绕身。金刚密迹（图2-6-7）为金刚力士形象，手扶金刚杵，赤膊，肌肉尽显，绘制手法精湛。

后殿，即五佛殿，殿内壁画主要遗存在佛像背光中（图2-6-8、图2-6-9），另外背光外侧有双手捧水果盘呈奔跑状的童子像（图2-6-10），其脚踩祥云，身后张翅。其余部分都已用白灰覆盖。

图2-6-1　中殿右壁壁画

图2-6-2　中殿右壁壁画（局部）

图2-6-3　中殿右壁壁画（局部）

图2-6-4　中殿右壁壁画（局部）

图2-6-5　中殿右壁壁画（局部）

图2-6-6　中殿右壁壁画（局部）

图2-6-7　中殿右壁壁画（局部）

图2-6-8　后殿壁画（局部）

图2-7-1 九天玄女娘娘庙壁画

图2-7-2 九天玄女娘娘庙壁画（局部）

图2-7-3 九天玄女娘娘庙壁画（局部）

图2-7-4 九天玄女娘娘庙壁画（局部）

图2-7-5　九天玄女娘娘庙壁画（局部）

图2-7-6　九天玄女娘娘庙壁画（局部）

图2-7-7　九天玄女娘娘庙壁画（局部）

图2-7-8　九天玄女娘娘庙壁画（局部）

图2-7-9 九天玄女娘娘庙壁画（局部）

图2-7-10 九天玄女娘娘庙壁画（局部）

白水县仓颉庙壁画

仓颉庙位于白水县城东北35千米处的史官乡黄龙山脉南麓。据碑文记载，东汉延熹五年（162）仓颉庙即颇具规模，之后宋、明、清等朝都进行过修葺。南北长140余米，东西宽约48米，格局完整，主体有照壁、山门、东戏楼、西戏楼、前殿、报厅、中殿、寝殿、钟鼓楼、东西厢房、仓颉墓冢和墓园等。庙内现存建筑多为明清时期所建。

目前，庙内戏楼和寝殿内还残存壁画。戏楼壁画遭风雨侵蚀严重，漫漶不清，隐约可见楼宇、征战、山水等内容（图2-8-1、图2-8-2、图2-8-3、图2-8-4、图2-8-5、图2-8-6、图2-8-7、图2-8-8）。

寝殿内东西墙壁上绘有壁画，东壁破损较为严重，大部分都已剥落。壁画由众多传说故事组成，东壁（图2-8-9）可以辨识的故事有：石楼造字（图2-8-10）、权衡度量（图2-8-11）、天雨粟（图2-8-12）、破蚩尤。西壁（图2-8-13）可以辨识的故事有：屈佚指佞（图2-8-14）、黄帝赐衣、鬼哭龙藏（图2-8-15）、西陵制衣、擒蚩尤。其绘制年代应在清末至民国初年。

西陵制衣图（图2-8-16）共绘有六名女子和两名童子。四位女子在庭院中围着长方桌而坐，手里或持拂尘（可能是西陵氏），或穿针引线，或呈缝补状。两位童子在周边玩耍，桌上放有布帛和食盘。另一女子带着一位仕女面向众女子方向正缓步而来，二人手里均捧有布帛。

黄帝赐衣图（图2-8-17）共有七人，在一个亭房之内有五人。中间一人应是黄帝，坐于椅上，右手放在扶手上，左手放在左膝上，椅后有一个长方桌，桌上放有青铜器和花瓶。面前四人手持笏板分列两侧，众人中间地面上有一方案，其上放有布帛。在亭外斜坡上站有二人，一人手捧布帛正递给另一位穿兽皮的人。

擒蚩尤图（图2-8-18）位于西壁的左上角，共由九位人物组成，反映上古炎黄部落大败蚩尤部落时的征战场景。画面的右上方由四人组合，其中身穿金黄色衣服者应是黄帝，头带冕，蓄黑色长髯，双手持拂尘，转头朝向一位白发白须的长者，该长者身穿蓝衣。其身后侍立两位童子，蓝衣童子双手捧经书，绿衣童子双手持经幡。前方有一缩小版的二轮车，车上有一个雕塑小人，右手前指，车的两侧和前方共有三位武将，两侧的武将骑马，分别持大刀和双刀；前方的武将左手持狼牙棒，右手前伸抓住蚩尤武将的头发。蚩尤武将在画面左下方，有两位呈逃跑状，赤上身，裸小腿，面部狰狞，头上长角。

寝殿北壁主龛（图2-8-19）两侧分别绘有麒麟天降图和百鸟朝凤图。麒麟天降图（图2-8-20）绘于北壁西部，壁画下部破损不清，仅存上部壁画。画面是山林之间，一山石高耸于左部，山上有两只狮子，一大一小。山下有一只鹿和一只麒麟，麒麟嘴里有烟气，烟气中有三只麒麟，一大二小，大麒麟前脚和后脚分别踩着一只小麒麟。在画面最上方空中有五只麒麟依次从天而降。

北壁东侧绘有百鸟朝凤图（图2-8-21），下半部同样破损不清，上半部中间是凤头，勾线细腻，设色艳丽。画面右上方有一棵树，树枝上停留着各种鸟类，可以辨识的有麻雀、燕子、戴胜等。有六只燕子飞向彩凤。在彩凤的后面，还有一只丹顶鹤。

图2-8-1 东戏楼东壁壁画

图2-8-2 东戏楼西壁壁画

图2-8-3　西戏楼西壁壁画

图2-8-4　东戏楼壁画（局部）

图2-8-5　东戏楼壁画（局部）

图2-8-6　东戏楼壁画（局部）

图2-8-7　东戏楼壁画（局部）

图2-8-8　东戏楼壁画（局部）

图2-8-9　寝殿东壁壁画

图2-8-10　寝殿东壁壁画（局部）

图2-8-11　寝殿东壁壁画（局部）

图2-8-12　寝殿东壁壁画（局部）

图2-8-13　寝殿西壁壁画

图2-8-14 寝殿西壁壁画（局部）

图2-8-15 寝殿西壁壁画（局部）

图2-8-16　寝殿西壁壁画（局部）

图2-8-17　寝殿西壁壁画（局部）

图2-8-18　寝殿西壁壁画（局部）

图2-8-19　寝殿北壁壁画

图2-8-20　寝殿北壁壁画（局部）

图2-8-21　寝殿北壁壁画（局部）

韩城市普照寺壁画

普照寺位于陕西省韩城市昝村镇吴村，寺名取“佛光普照”之意。该寺始建于元延祐三年（1316），清代续修。普照寺建筑面积426平方米，主体建筑是大佛殿，殿前东有伽蓝庙，西有护法庙；殿东为土地庙，西为关公庙；殿后为观音洞。大佛殿内现存壁画主要分布于释迦牟尼像后壁两侧以及佛坛后壁（图2-9-1）。

释迦牟尼像头后墙壁绘有头光和背光，最外一层为火焰纹，头光两侧有斜向上放射的五色光芒，并缀有彩云。佛像肩部两侧各绘飞天一身，身体前倾，手捧盘，盘中有物，脚向后弯曲。左侧飞天（图2-9-2）上着红衣，下着绿裙，与之相对应的右侧飞天（图2-9-3）上着绿衣，下着红裙。两身飞天下有祥云托举，衣服做飞扬状。佛座两侧墙壁绘有红、黄、绿三色祥云，佛座底部两侧绘有海水。

佛像背后绘有大型壁画（图2-9-4），中央绘有准提观音像（图2-9-5），头戴五佛冠，八双手，每只手腕上都有手镯。头顶有双臂持双剑交叉于上，其余诸手中分别持有法印、绢索、海螺、念珠、宝杖、宝镜等法器，下着绿裙，有巨大的身光笼罩，结跏趺坐于红色束腰莲台之上，现左足，红色莲台下端接连绿茎隐没于波涛汹涌的水中（图2-9-6）。准提菩萨左侧绘一帝王（图2-9-7），头戴冕旒，有头光，左手持笏板，右手前伸，立于云端上。其左下方也绘有一人（图2-9-8），头戴梁冠，有头光，双手持笏板，着红衣，立于云端。准提菩萨右侧也绘有一人（图2-9-9），头部不清楚，有头光，着红衣，与左侧帝王像相对，立于云中。其下也绘有头戴梁冠，手持笏板的人像（图2-9-10），有头光，八字胡须，着绿衣，立于云端。画面左下角有题记一段，落款为：“辛酉年暑。”绘画的年代不早于清代，应该与此落款相一致，为清末所绘。

图2-9-1　大佛殿壁画

图2-9-2　大佛殿壁画（局部）

图2-9-3 大佛殿壁画（局部）

图2-9-4 大佛殿壁画（局部）

图2-9-5　大佛殿壁画（局部）

图2-9-6　大佛殿壁画（局部）

图2-9-7　大佛殿壁画（局部）

图2-9-8　大佛殿壁画（局部）

图2-9-9　大佛殿壁画（局部）

图2-9-10　大佛殿壁画（局部）

韩城市大禹庙壁画

韩城市大禹庙创建于元大德五年（1301），是与元世祖敕建的河津龙门建极宫相呼应的大禹行宫之一。大禹庙坐北向南，正殿三间，悬山顶，灰脊筒瓦，鸱尾、垂兽俱在，出檐较为深远。献殿与正殿屋檐相接，因大梁有朽烂处，故今人在梁下新加辅柱。柱上斗口跳，耍头蚂蚱头。献殿与山门之间的东西两侧，原有两座戏楼相对，惜已不存。东戏楼毁于1932年，西戏楼1973年被拆迁，现只有西戏楼化妆间残存。正殿之后西侧有一单进小院，门口额题“济修院”三字。庙院最南边为扩建时新修的汉白玉山门一座，两侧各一尊石狮，伟岸威严。1996年，大禹庙被确定为全国重点文物保护单位。

正殿（图2-10-1）内有神龛三间，上施雕刻精美的垂花罩，有斗拱。正中塑大禹像，垂冕持笏；其右巨灵神，三头六臂；其左郭子仪，勇武多子。三尊塑像手法古朴厚重。大禹像身后有花鸟屏风形式壁画（图2-10-2）。巨灵神像身后绘罗汉渡海图（图2-10-3），其旁东壁绘有等人大小的武将，手持一件兵器（图2-10-4）。郭子仪塑像后则绘八仙过海图（图2-10-5）。其旁西壁也绘有一位武将，右手持弓，左手扶剑，面有长髯，右肩头爬一个小童（图2-10-6）。从庙内现存碑刻修缮记载可知，在清道光二年（1822）进行过最后一次大修，壁画也应属于那个时期绘制。

正殿东壁壁画（图2-10-7）表现小说《西游记》的第四十回、第四十一回、第四十二回的内容，分别以别离乌鸡国（图2-10-8）、婴儿戏禅心（图2-10-9）、心猿遭火败（图2-10-10）、观音缚红孩（图2-10-11）为主题，创作四幅局部场景，构图对称中体现均衡，散点布局中呈现焦点透视，采取从下到上逆时针观看方式，画面情节生动，线条流畅，设色沉稳。

正殿西壁壁画（图2-10-12）反映的是唐代救国功臣郭子仪庆功宴会的场景，此图构思巧妙，大小比例协调。左上方画的是郭子仪的寿宴情景（图2-10-13），场面宏大，气氛热烈。右下方画的是郭子仪单骑退回纥的场景（图2-10-14）。

图2-10-1　大禹庙正殿

图2-10-2　正殿大禹像后壁画

图2-10-3　正殿巨灵神像后壁画

图2-10-4　正殿巨灵神像东壁壁画

图2-10-5　正殿郭子仪像后壁画

图2-10-6　正殿郭子仪像西壁壁画

图2-10-7 正殿东壁壁画

图2-10-8 正殿东壁壁画（局部）

图2-10-9　正殿东壁壁画（局部）

图2-10-10　正殿东壁壁画（局部）

图2-10-11　正殿东壁壁画（局部）

图2-10-12　正殿西壁壁画

图2-10-13　正殿西壁壁画（局部）

图2-10-14　正殿西壁壁画（局部）

陕南篇

洋县智果寺壁画

智果寺位于洋县城西12千米处，始建于唐仪凤年间（676—679），宋、元、明时期屡次修整，明代增建藏经楼一座。智果寺原建筑大部分坍塌毁坏，仅存元代大殿和藏经楼。

元代大殿坐北面南，屋顶为单檐歇山顶，面阔三间，大殿内东西山墙上绘有菩萨和护法神等壁画，从绘画风格看是明代中晚期作品。由于大殿进行翻修，人们将殿内壁画揭去用木板固定，分为五块收藏在藏经楼内。藏经楼位于大殿之后，始建于明万历十四年（1586），坐北面南，为三层楼阁式建筑。

壁画破损较为严重，且脱离原始存在环境，已很难了解原先壁画的分布空间。目测现有壁画中，一幅绘有菩萨的壁画较其他四幅壁画高大（图3-1-1），初步推测，在大殿中间塑有主尊佛像，两壁分布靠近主尊的是菩萨，其次是护法神。现尝试将壁画编为一、二、三、四、五号，以方便分别介绍。

一号壁画是菩萨图（图3-1-2），画面绘制一尊菩萨，面部浑圆，目视下方，高发髻，有放射状头光和火焰状身光，双手持一枝长柄红色莲花，花中长有一个莲蓬，莲蓬上放有一卷经卷，用绸带捆扎。在菩萨头光的上部，涌出一顶大荷叶伞盖，荷叶中间有一朵红边白花，荷叶边装饰红色莲花瓣。伞盖边缘还有红色和绿色绸带飘举，并有云气呈放射状。整幅壁画下半部破损严重，不能辨识底座。从莲蓬上的经卷可以推测该菩萨应是文殊菩萨。

二号壁画（图3-1-3）由两位站立人像组成，其中一位是女相（图3-1-4），高发髻，正视前方，衣带飘举。另一位是男性帝王像（图3-1-5），头戴梁冠，面容淡定，有黑须，双手持笏板。壁画破损不清，许多细节难以辨识。

三号壁画（图3-1-6）由两位站立人像组成，其中一位是武将装扮（图3-1-7），戴盔穿甲，目视前方，左手叉腰，右手拿金刚杵靠于右肩，应该是韦陀天神。另一位是女相装扮（图3-1-8），手持之物看不清。壁画下半部破损不清。

四号壁画（图3-1-9）是一位站立人像，武将装扮，身着铠甲，双眼圆睁，张嘴微呵，衣带飘举。

五号壁画（图3-1-10）由三位人像组成，排在最前的一位（图3-1-11），着女装，面色凝重，双手持笏板于胸前。中间一位是武将装扮（图3-1-12），面部狰狞，红发朝天，铠甲外罩红衣，右手持长柄兵器于身后。最后一位是文官装扮（图3-1-13），头戴梁冠，蓄黑色长髯，双手捧笏板于胸前。

将第二、三、四、五号壁画人物联系起来，可以初步判断，这八位应属佛教护法神二十四诸天。

图3-1-1　一号、二号、三号壁画

图3-1-2　一号壁画

图3-1-3　二号壁画

图3-1-4　二号壁画（局部）

图3-1-5　二号壁画（局部）

图3-1-6　三号壁画

图3-1-7　三号壁画（局部）

图3-1-8　三号壁画（局部）

图3-1-9　四号壁画

图3-1-10 五号壁画

图3-1-11 五号壁画（局部）

图3-1-12　五号壁画（局部）

图3-1-13　五号壁画（局部）

洛南县华严寺壁画

华严寺，位于洛南县巡检镇大河村。据《洛南县志》记载，历史上曾有过三次重建。第一次重建是明正德年间，第二次修葺于清乾隆年间，最后一次重建是民国初年。目前，华严寺尚存有前殿、中殿、后殿三楹，但年久失修，多是残垣断壁，每个殿堂的屋顶都有不同程度的损坏。前殿门口竖立一座有“县级重点文物保护单位华严寺明建清重修”字样的水泥碑。寺内现存大部分壁画依然色彩艳丽，绘画的技法看上去很是精湛，历经几百年仍旧栩栩如生，而整个寺庙的建筑风格十分独特，颇显明清时期的特点。

前殿是天王殿，应是曾经的山门，门楣牌匾上书“自建净土精舍”，时间为中华民国二十一年（1932）。殿内雕塑已毁，只剩东西山墙上的壁画，分别绘有四大天王和四位力士，东壁（图3-2-1）中间绘有两位天王，分别手持宝剑和宝伞，应该是增长天王（图3-2-2）和多闻天王（图3-2-3），力士漫漶不清。西壁（图3-2-4）中间两位天王，分别手持琵琶和蛇，应该是持国天王（图3-2-5）和广目天王（图3-2-6），力士分列两旁，其一力士（图3-2-7）赤裸上身，双腿坐于白象之上，左手持剑举于头上。大梁上有“同治二年”的题记，雕梁画栋，屋顶木构上采用沥粉彩画。中国佛教徒认为增长天王持剑，司风；持国天王拿琵琶，司调；多闻天王执伞，司雨；广目天王持蛇，司顺。东西两壁的四大天王组合起来也就被称为“风调雨顺”。

中殿建于一米左右的高台之上，与地面由数级台阶相连，门楣上书“自建释迦宝殿”，时间为中华民国十五年（1926），两侧分别有圆形窗户，殿内木构亦采用沥粉彩画，雕塑已毁坏殆尽，仅存东（图3-2-8）、西（图3-2-9）山墙上彩绘。由于年代久远，加之曾经被作为教室使用，使得壁画漫漶不清。两壁壁画呈对称分布，通过比对可以识别壁画分为上下两层，两壁下层均绘有罗汉形象（图3-2-10、图3-2-11），相加共有16位；两壁上层均绘有乘云而来的人物形象，相加共有24位，从服饰、姿态、特征来看，应是佛教中的“二十四诸天”（图3-2-12、图3-2-13）。大梁上有“乙丑”的题记，结合天王殿大梁上的题记，可以推测该殿应该是清同治四年（1865）上梁。

后殿亦建于一米左右的高台之上。原来进殿由两侧台阶上下，如今在中间新修八级台阶与地面相连。正门两侧分别有方形窗和镶在墙上的碑和旁门，其中一块石碑《重修华严寺碑记》立于清乾隆四十七年（1782）。石碑《自建净土精舍碑记》立于中华民国二十三年（1934），两块石碑遭人为凿损，内容较难读全。殿内塑像和壁画均已无存，屋顶木构还存有雕花和彩绘，梁上题记漫漶不清。

图3-2-1　前殿东壁壁画

图3-2-2　前殿东壁壁画（局部）

图3-2-3　前殿东壁壁画（局部）

图3-2-4　前殿西壁壁画

图3-2-5　前殿西壁壁画（局部）

图3-2-6　前殿西壁壁画（局部）

图3-2-7　前殿西壁壁画（局部）

图3-2-8　中殿东壁壁画

图3-2-9 中殿西壁壁画

图3-2-10 中殿壁画（局部）

图3-2-11　中殿壁画（局部）

图3-2-12 中殿壁画（局部）

图3-2-13 中殿壁画（局部）

参考书目

[1] 马书田. 中国佛神［M］. 北京：团结出版社，2006.

[2] 马书田. 中国道教诸神［M］. 北京：团结出版社，1996.

[3] 卿希泰. 中国道教（第三卷）［M］. 北京：知识出版社，1994.

[4] 汪洁，林国平. 闽台宫庙壁画［M］. 北京：九州出版社，2003.

[5] 薄松年. 中国绘画史［M］. 上海：上海人民美术出版社，2013.

[6] 范瑞华. 中国佛教美术源流［M］. 北京：国际文化出版公司，1996.

[7] 吴为山，王月清. 中国佛教文化艺术［M］. 北京：宗教文化出版社，2002.

[8] 王荣国. 中国佛教史论［M］. 北京：宗教文化出版社，2008.

[9] 刘合心，雒长安. 古代建筑壁画艺术［M］. 西安：世界图书出版西安公司，2008.

[10] 高明. 西安东岳庙壁画艺术［M］. 西安：陕西人民美术出版社，2010.

本书是陕西省社会科学艺术项目（2017）年度课题成果，编号：SY2017014